신용평가사가 들려주는
산업 이야기 5
지정학과 경제 2

신용평가사가 들려주는 산업 이야기 5
지정학과 경제 2

초판 1쇄 발행 2025년 2월 19일

지은이 김명수, 송기종, 최우석, 이혁준, 김가영, 서찬용
펴낸이 장길수
펴낸곳 지식과감성#
출판등록 제2012-000081호

교정 주경민
디자인 이현
편집 이현
검수 김지원
마케팅 김윤길

주소 서울시 금천구 벚꽃로298 대륭포스트타워6차 1212호
전화 070-4651-3730~4
팩스 070-4325-7006
이메일 ksbookup@naver.com
홈페이지 www.knsbookup.com

ISBN 979-11-392-2424-5(03320)
값 13,000원

- 이 책의 판권은 지은이에게 있습니다.
- 이 책 내용의 전부 또는 일부를 재사용하려면 반드시 지은이의 서면 동의를 받아야 합니다.
- 잘못된 책은 구입하신 곳에서 바꾸어 드립니다.

지식과감성#
홈페이지 바로가기

지정학과 경제 2

신용평가사가 들려주는
산업 이야기 5

김명수 | 송기종 | 최우석
이혁준 | 김가영 | 서찬용 지음

트럼프의 재등장은 동아시아에도
큰 먹구름을 몰고 올 것이다.

서문

2021년 시작된 『신용평가사가 들려주는 산업 이야기』 시리즈가 매년 1권씩 이어 나가 벌써 5권이 되었다. 본 시리즈는 신용평가사로서 평가등급과 보고서에 담기 어려운 국제 정치경제, 거시경제, 산업동향 등을 다루어 금융시장 관계자들에게 보다 근본적이고 장기적인 시각을 제공하기 위해 시작된 것이다.

본 시리즈가 발간된 지난 5년간의 국제 정치경제 변동은 1991년 냉전 종식 후 성립된 국제질서를 완전히 뒤흔드는 새로운 것이었다. 트럼프 1기 때 시작한 대중 무역제재로 WTO 체제는 사실상 와해되었고, 우크라이나 전쟁은 세계를 서구 vs 반서구 진영으로 블록화하였다. 생산물의 70%를 해외에 판매하고 내수시장 30%도 해외수출의 종속변수나 마찬가지인 우리 경제에게 새로운 국제질서를 이해하는 것은 사활적 과제다.

우크라이나 전쟁은 유럽 경제에 큰 영향을 끼쳤지만 특히 러시아와의 우호관계에 기초하던 독일의 경제모델을 파괴하였다. 구체적으로 국제 LNG 가격 대비 30~40%에 불과한 러시아 PNG(Pipeline

Natural Gas)에 의존하던 독일 경제가 2년 연속 마이너스 성장률을 기록하였다(2023년 -0.3%, 2024년 -0.2%). 폭스바겐은 유서 깊은 1, 2, 3공장 폐쇄를 선언하였고 러시아 가스를 사용하는 독일 화학기업들은 존폐의 기로에 섰다.

트럼프의 재등장은 동아시아에도 큰 먹구름을 몰고 올 것이다. 앞으로 미국이 대중 디커플링 정책을 편다면 이는 대중국 경제협력을 근간으로 하는 한국·일본·대만의 경제모델을 파괴할지 모른다. 동아시아 3국은 반도체·전자산업 비중이 높고 이들 산업에서 중국 기업과 긴밀히 협력·경쟁하고 있다. 또한 이들 산업은 밸류체인이 길고 복잡하며 짧은 시간 내 해외 이전이 불가능하여 트럼프의 매파적 정책이 통할지 미지수다.

반면 새롭게 떠오르는 업종들도 있다. 미국이 해군력 강화를 위해 군함 MRO사업을 동맹국으로 확대하자 한일 양국의 조선업이 활개 친다. 우크라이나 전쟁으로 각국 정부가 국방력 강화에 나서자 한국 방산업체에 주문량이 쌓인다. 미국의 웨스팅하우스와 한국수력원자력이 손을 잡고 세계 원전 시장에 진출하기로 했다. 앞으로 미국은 AI혁명으로 세계에서 가장 큰 원전시장이 될 것이고 우리 기업들은 그 주역으로 떠오를 수 있다.

　이제 지정학적 격변을 맞아 기업 경영에 있어 혁신과 R&D 못지않게 중요한 것이 경영진의 현명함이다. 우리 기업들이 가진 장점과 한계를 명확히 인식하고 지정학적 이점을 극대화하는 장기 성장 전략이 필요하다. 정부도 거대 국가 간의 그레이트 게임 속에서 기울어진 운동장에서 싸우고 있는 우리 기업들을 어떻게 도울 것인지 깊이 고민해야 한다.

　『신용평가사가 들려주는 산업 이야기』 시리즈 1~5권의 목적도 동일하다. 국내 유일의 토종 신용평가사로서 혼돈과 격변의 시대에 우리 기업과 투자자들이 나아갈 좌표를 찾는 데 힘을 보태자는 것이다. 또한 신용평가사의 등급 결정과 보고서가 보수적이고 경기후행적이며 신흥산업에 무지하다는 비판을 덜고자 하는 기대도 조금은 숨어 있다.

금번 5권에서는 1부에서 지정학과 경제란 제목으로 지난 4권의 주제를 이어 나갔고, 2부에서는 PF 위기에서 촉발된 주요 신용평가 이슈들을 다루었다. 본 시리즈가 기업과 금융시장에서 일하시는 분들에게 조금이라도 도움이 된다면 그동안 애쓴 보람이 있겠다.

2025년 1월 31일
김명수 씀

CONTENTS

I 지정학과 경제

1. 트럼프의 귀환이 몰고 올 파장 김명수 · 15
1. 트럼프 2기 도래의 가능성 · 15
2. 우크라이나 전쟁 휴전 · 16
3. 아브라함 협정의 부활 · 18
4. 새로운 전쟁의 시작 · 21
5. 관세 전쟁 너머에 있는 것 · 23
6. 마치며 · 26

2. 트럼프 시대가 한국 자동차 산업에 미칠 영향 김명수 · 29
1. 미국 경제의 대성공 · 29
2. 미국 중서부 지역의 쇠락 · 31
3. 트럼프의 관세정책에 대한 오해 · 32
4. 트럼프 시대 한국의 산업전략 · 35

3. CES 2025에서 바라본 트럼프 시대의 생존전략 김명수 · 39
1. 레이건식 플레이북의 한계 · 39
2. CES 2025에서 목도한 것 · 41
3. 미국으로 미국으로 · 42
4. 힘겨운 도전에 직면한 우리 기업들 · 45

4. 트럼프 시대의 글로벌 환율 질서와 원화의 미래 송기종 · 49
1. Post-플라자 환율 질서의 위기 · 50
2. '미국 우선주의 Fed'와 글로벌 환율 질서 · 54
3. 원화 대미환율의 장기평균 이탈과 최근의 환율 상승 · 58

5. 중국 부동산산업의 국영화와 유럽 금융의 역할 김명수·65

1. 중국 경제의 기업구조·65
2. 중국 경제 정상화를 위해 필요한 것·67
3. 부동산산업 정상화를 위해 필요한 것·68
4. 부동산산업의 국영화와 유럽 금융의 역할·70
5. 중-프 밀착의 의미·72
6. 중국 경제 국영화의 완성·73

6. 대중국 금융 봉쇄의 파장 김명수·77

1. 미·중의 금융 커플링·77
2. 금융 봉쇄의 서막·79
3. 금융 봉쇄의 완료·81
4. 금융 봉쇄가 몰고 올 파장·82

7. 심상치 않은 중국의 공급과잉 최우석·87

1. 들어가며·87
2. 철강산업·88
3. 디스플레이산업·91
4. 태양광패널산업·93
5. 석유화학산업·96
6. 2차전지산업·98
7. 마치며·101

CONTENTS

8. 중국의 경기부양책과 글로벌 자산가격 상승 송기종 · 105
   1. 교묘한 Show와 같았던 부양책 발표 · 105
   2. 정책 전환의 배경: 전술적 타협, 그리고 트럼프 · 107
   3. 이전 부양책과의 차이점: 재정확대와 규제 완화 · 109
   4. 한계와 기대 · 111
   5. 우연한 글로벌 정책공조와 자산가격 상승 · 114
   6. 마치며 · 116

9. 지정학적 관점에서 본 대만 COMPUTEX 2024 김명수 · 119
   1. 번영하는 대만 · 119
   2. AI혁명의 중심, 대만 · 121
   3. 대만에 포획된 미국 반도체 산업 · 124
   4. 대만을 어떻게 할 것인가? · 127
   5. 소위 안미경중(安美經中)에 대하여 · 129
   참고문헌 · 131

10. 예정된 전쟁에 불씨를 댕긴 네타냐후 김명수 · 133

11. 미국이 가자전쟁에서 보여 준 것 김명수 · 139

II 신용리스크의 관리

1. 건설업계는 연착륙에 성공할 수 있을까 김가영 · 147
1. 건설산업 리스크 · 147
2. PF차입금과 건설회사 · 149
3. 건설회사는 연착륙에 성공할 수 있을까 · 152
4. 연착륙을 위해서는 선제적인 조치 필요 · 156
5. 이번 위기가 지나면 다음번에는 · 157

2. 은행계 금융회사는 보수적인가 이혁준 · 161
1. 은행계 금융회사의 신용등급 변동 · 161
2. 은행계 금융회사는 보수적인가 · 162
3. 은행에게 다가오고 있는 겨울 · 164
4. 은행계 금융회사에게 필요한 것 · 166

3. 기한이익상실 관련 공시의 실효성 제고 서찬용 · 169
1. 들어가며 · 169
2. 기한이익상실이 가지는 의미 · 169
3. 기한이익상실 관련 사안 발생의 유형 · 171
4. 기한이익상실 관련 사안의 공시 · 173
5. 상장채권 공시제도의 한계 · 175
6. 사모사채 관련 정보의 미비 · 177
7. 마치며 · 178

I
지정학과 경제

1.
트럼프의 귀환이 몰고 올 파장

트럼프의 귀환이
몰고 올 파장*

김명수

1. 트럼프 2기 도래의 가능성

 2024년 11월 미국 대선은 현직 대통령(바이든)과 전직 대통령(트럼프) 간 대결로 막판까지 예측 불가한 것이었다. 그러나 7월 14일 트럼프 암살 시도 후 트럼프 2기 현실화 가능성이 높아졌다. 암살 시도 직후 연단에서 트럼프 후보가 보여 준 행동은 누가 강인한 자인지를 분명히 보여 주었다. 정치 지도자를 선택함에 있어 유권자들은 대개 똑똑함(Smartness)보다는 용기(Bravery)를 선택해 왔다. 민주당은 고령의 바이든 대통령을 사퇴시키고 젊고 유능한 새 후보를 내야 하는 상황에 몰렸다.

 가령 트럼프 2기가 도래한다면 어떤 일들이 벌어질 것인가? 트럼프 후보는 바이든 민주당의 정책을 완전히 뒤집고 자신의 정책을 Day 1부터 밀어붙일 것이라고 공언하고 있다. 하지만 그의 임기는 어차피 4

---

* 본 에세이는 2024년 7월 22일 발표된 것이다.

년이고 상원을 민주당에 내준 상태이며 미국 정치의사결정 시스템은 고도로 분권화되어 있다.

2020년 미국 대선에서 바이든도 구호로는 반(反)트럼프를 외쳤지만 취임 후 트럼프의 반중 정책만큼은 확대 계승하였다. 트럼프도 바이든의 정책을 부분적으로 계승하고 거기에 자신의 색채를 입히려 노력할 것이다. 그러나 확연히 달라질 부분도 있을 것인데 그것이 무엇일지 미리 짐작해 보자.

2. 우크라이나 전쟁 휴전

우선 쉽게 예상해 볼 수 있는 것은 트럼프 후보가 공언하고 있는 우크라이나 전쟁의 휴전이다. 우크라이나 전쟁은 러시아와 우크라이나 간에 벌어지고 있지만 독일의 경제 모델을 붕괴시킨 일대 사건이다.

독일의 경제발전 전략은 다음과 같다. 러시아에 산업 기술을 가르쳐 주고 에너지와 자원을 싼값에 확보한다. 저렴한 에너지로 제조업 경쟁력을 유지한다. EU를 통해 유럽을 내수시장화한다. 중국에 산업 기술을 가르쳐 주고 광활한 중국 시장을 얻는다. 독일-러시아-중국으로 이어지는 3각 경제동맹이다.

문제는 이것이 미국의 세계전략과 부딪친다는 점이다. 냉전 종식 후 30년간 미국은 유일 패권국으로서 대륙 간·국가 간 경제협력에 거의 제동을 걸지 않았다. 그러나 원래 미국의 대외 전략은 '신대륙에서 구대륙 국가들의 접근을 막고, 구대륙에서 지역 패권국이 출현하지 않도록 하는 것'이다. 구체적 수단은 역내 세력균형을 유지하는 것이다.

구대륙은 유럽과 아시아로 나뉘는데 유럽의 지역 패권 후보국은 독일, 러시아고 아시아는 중국, 일본이다. 독일이 러시아·중국과 손을 잡는다는 것은 독일이 구대륙에 2개의 지역 패권국을 기르는 데 협조한다는 것을 의미한다.

우크라이나 전쟁으로 분명해진 것은 독일-러시아 간 경제동맹이 끝났다는 점이다. 독일이 러시아 에너지를 받고 산업기술을 넘겨주면 러시아가 강대해져 동쪽 국경선이 위험해진다. 1973년부터 시작된 독일과 러시아의 에너지 동맹은 이제 끝났다. 아울러 그에 기반한 독일 제조업도 급속히 공동화되어 가고 있다.

휴전하게 된다면 러시아는 국제 에너지·금융시장에 복귀하겠지만 산업 기술은 어디에서 구해야 할까? 세계에서 제조업 전반에 기술력을 갖추고 있는 나라는 미국, 일본, 독일, 한국, 중국 5개국에 불과하다. 미국, 일본, 독일을 제외한다면 한국, 중국 정도가 남는데, 러시아가 북한과 군사동맹을 맺으면서 한국에 계속 올리브가지를 흔드는 이유는 명확하다. 한국이 아니라면 러시아는 이웃국가 중국에 산업발전을 의탁해야 하는 비참한 처지로 빠진다. 중국은 수천 마일의 국경선을 마주한 러시아의 산업발전을 돕지 않을 것이다. 러시아의 길은 중동의 왕국 같은 평범한 자원대국이 될 수밖에 없다.

3. 아브라함 협정의 부활

트럼프 연간의 중동 정책에서 가장 큰 성과를 꼽자면 2020년 8월부터 12월간에 이스라엘과 UAE, 바레인, 수단, 모로코 간에 연쇄적으로 체결된 조약들, 이름하여 아브라함 협정일 것이다. 여기에 이집트, 요르단이 합류 의사를 밝혔고 궁극에는 사우디아라비아를 참여시켜 반이란 전선을 구축하고자 한 것이다. 이스라엘과 수니파 국가들이 연합하여 시아파인 이란에 대적하는 세력균형 전략이다. 창의적으로 보이는 이 전략은 가능한 것인가?

유서 깊은 페르시아 제국의 후예인 이란은 언제나 지역의 패자였고 오스만튀르크제국 최전성기에도 독립을 유지할 만큼 강한 정체성을 유지해 왔다. 현대 이란은 1979년 아야툴라 호메이니가 주도한 이슬람혁명 이후 종교지도자가 실권을 가지고 세속 정치가들을 지도하는 독특한 '이슬람공화국' 체제를 가지고 있다. 지금 지구 위에는 4개의 정치체제가 있는데 자유민주주의, 공산전체주의, 왕정, 마지막으로 이슬람공화국이 그것이다.

이슬람공화국은 서구 자유민주주의가 가진 병폐를 비판하며 이란인들이 독창적으로 고안해 낸 것이다. 가톨릭 교황의 종교적 통제를 받았던 유럽 국가들은 르네상스와 종교혁명을 거치면서 성속(聖俗)이 분리된 자유민주주의 체제로 거듭났다. 자유민주주의는 시장경제와 결합하며 시민들에게 자유와 풍요를 가져다주었지만 종교가 무너지는 부작용을 낳았다.

동양사회에서 윤리도덕은 현자들이 남긴 잠언집 형태로 정리되어 지배 엘리트들에 의해 전승·전파되어 왔다. 자본주의가 도입된 후에도 이것은 상당 기간 동안 근로도덕의 근간이 되었다. 이른바 유교 자본주의론의 근거다. 반면 기독교 사회의 윤리도덕은 오직 신의 명령에 기반한다. 모세의 십계명이 그 좋은 예고 계율을 어기면 신의 심판을 받는다.

르네상스와 종교개혁 이후 종교의 자유는 원래 신·구교 간 선택의 자유를 의미했다. 그러나 찰스 다윈의 진화론 발표 이후 기독교의 창조론이 의심받고 서구사회의 윤리기반이 해체되기 시작했다. 새로운 윤리 기준을 모색하는 과정에서 오직 과학적으로 증명된 것만 믿어야 한다는 경험주의, 최대다수의 최대행복을 추구하면 된다는 공리주의, 허무주의와 실존주의의 탈을 쓴 무신론이 등장했다. 도덕이 무너지고 쾌락을 추구하며 풍속이 저속해졌다. 도덕의 타락과 무질서에 환멸을 느낀 대중들은 신흥 종교인 파시즘과 공산주의로 기운다. 19세기까지 답답할 정도로 청교도적이던 서구사회의 금욕적 도덕주의는 20세기 초반부터 흔들리더니 양차 대전을 치르며 와르르 무너져 내렸다.

호메이니가 창시한 이슬람공화국 체제는 선거제를 도입하되 윤리도덕과 사회질서에 대한 최종 결정권을 종교지도자에게 일임함으로써 서구식 발전 속에 이슬람의 전통 가치를 지키겠다는 정치체제이다. 이란판 동도서기(東道西器)요 화혼양재(和魂洋材)다. 이란은 자국의 정치체제를 이상화하고 이를 아랍 왕정 국가들에 이식하고자 한다. 이는 '시아 對 수니' 간 종교전쟁을 넘어선 삶의 방식을 둘러싼 체제경쟁이다.

오바마 전 대통령은 2015년 7월 이란 핵협정(JCPOA)을 통해 유화책을 펼친 반면 트럼프 전 대통령은 2018년 5월 이를 비난하며 JCPOA를 탈퇴하였다. 오바마는 이란을 국제사회로 이끌어 개방시키면 변화할 것이라고 생각한 반면, 트럼프 행정부는 이란의 체제는 중동 왕정과는 물론이고 서구사회와도 양립이 불가하다고 생각했다. 바이든 행정부도 오바마의 생각을 계승한 것으로 보인다. 바이든은 집권하자마자 이란계 미국인 기자 자말 카슈끄지의 살인을 문제 삼아 사우디를 국제 왕따로 만들겠다고 공언했었다. 이후 아브라함 협정은 진전을 보이지 못했다.

사우디아라비아는 인구 3,400만이라 하지만 자국민은 1,800만밖에 되지 않고 나머지는 다 외국인 노동자이다. 자국민도 사우드 가문 아래 부복하는 신민일 뿐 여전히 부족 간 갈등이 잠재한다. 사우디의 안보 고민은 대외적인 것보다 대내적인 것이 우선이다. 사우디 내의 피지배층과 불만계층에게 이란의 통치 체제는 대단히 매력적이다. 이란 혁명수비대는 과거 소련의 코민테른과 같이 중동인들에게 이슬람 국제주의를 선동하고 있는 것이다. 하마스, 헤즈볼라, 후티 반군이 그 계열이다. 사우디를 비롯한 왕정 국가들이 이스라엘과 협력하여 반이란 전선을 구축할 유인이 있는 것이다.

가자전쟁의 배후도 이란으로 알려지고 있다. 이스라엘이 팔레스타인을 공격하면 사우디와 이스라엘이 손잡기 어렵기 때문이다. 지금은 가자전쟁으로 중동이 혼란스럽지만 트럼프가 돌아온다면 2020년의 아브라함 협정으로 돌아갈 것이다. 그 이유는 미국이 중동에서 손을 빼고

아시아에 집중하기 위해서다. 이제 다시 중국이다.

4. 새로운 전쟁의 시작

트럼프 대통령 1기에는 대중 압박의 수단으로 주로 관세정책을 도입하였다. 대중 수입관세는 12.5%~25%의 고율관세로 바이든 정부에서도 그대로 계승되었다. 바이든 정부가 편 고금리 정책은 의도한 것이든 아니든 중국 부동산산업을 습격하여 10%에 육박하던 중국의 성장률을 5% 수준으로 반토막 내는 결과를 가져왔다.

그러나 중국은 여전히 세계 최대의 무역흑자국으로 2023년에만 수출 3조 4천억 불, 수입 2조 6천억 불, 무역흑자 8천억 불을 기록하였다. 2019년 고율관세가 도입되기 전 19.2%(2018년)이던 대미 수출 비중이 14.8%(2023년)로 크게 하락하였다지만 중국의 대미 수출액은 5,060억 불, 대미 수입액은 1,661억 불로 대미 무역흑자는 3,400억 불이다.

바이든이 유럽과 공조하며 중국 플러스 원, 즉 중국 이외 지역에 추가 공급망을 갖추겠다는 De-risking 전략인 데 반해 트럼프는 중국을 적성국가로 간주하고 60%의 수입관세를 부과하는 De-coupling 정책을 펼치겠다고 공언하고 있다. 그 외 모든 나라에도 10%의 보편관세를 물리겠다고 한다.

바이든의 전략은 완급조절이 있지만 트럼프 2기의 정책은 사실상 금수조치(embargo)와 다름없다. 60% 관세는 당연히 미국에 인플레를 야기할 것이다. 애플의 아이폰, HP와 델의 노트북 컴퓨터 등 중국산 미국 제품들의 수입에는 예외를 두겠지만 중국산 공산품의 대부분이 공급 차질로 가격이 인상될 것이다. 트럼프발 인플레로 소비자들의 불만은 쌓여 가고 금리 인하는 불가능해진다. 경제 평론가들은 말한다. 60% 관세는 거의 자해적으로 미국 소비자들이 참지 못할 것이므로 트럼프가 과연 그럴 수 있을까? 그렇지만 중국인들이 겪는 고통에 비할 바는 아니다.

코로나 팬데믹 기간에는 한 해 8,000억 달러를 넘었고, 지금도 5,000억 달러를 상회하는 중국의 대미 수출이 봉쇄되면 그것이 불러 올 거대한 파장은 불을 보듯 뻔하다. 외국의 대중국 직접투자는 올 스톱되고 중국 기업들의 대미 수출은 '제로'로 수렴한다.

중국의 거대한 제조기지는 전기차, 휴대폰 등 세계시장에서 경쟁하는 브랜드 제품으로만 운영되지 않는다. 최근 갑자기 등장한 알리, 테무, 쉬인에서 보듯 자전거, 장난감, 가정용 소품, 의류 등 수많은 경공업 제품들이 있다. 이들은 베트남, 인도네시아, 멕시코, 엘살바도르의 제조기지들과 경쟁한다. 60%의 고율관세는 이 지역 공장들에 대형 호재다.

형편이 나은 중국 기업들은 신속히 공장을 해외로 옮기겠지만 그렇지 못한 기업들은 라인 일부를 정지시키거나 그대로 문을 닫을 수밖에 없다. 이러나저러나 모두 대량 실업을 의미한다. 도시에는 부랑자가 넘치고 농촌으로 농민공들이 낙향하고 사회불안이 조성된다. 지방정부가 이들에게 실업수당을 제공하여야 하지만 부동산 침체로 재정이 피폐해진 지방정부는 이들을 돌보지 못한다. 중앙정부가 나서지 않으면 기아가 발생하고 아사자가 속출할 수 있다. 몇 년 전 베네수엘라에서 벌어진 일들을 생각하면 된다.

민주·공화당을 거치며 미국의 대중 전략은 진화한다. 트럼프 1기가 관세정책이었다면 바이든은 여기에 고금리를 덧붙였고 트럼프 2기는 금수조치와 유사한 고관세로 중국의 저부가가치 산업을 타격한다. 1941년 일본은 미국의 금수조치에 대항해 태평양 전쟁을 일으켰다. 사실상 미·중 전쟁의 시작이다.

5. 관세 전쟁 너머에 있는 것

대중국 60% 고율관세는 미국 시장에서 경쟁하는 우리 기업들에게 어찌 보면 희소식이다. 트럼프 후보가 IRA법 폐기, 전기차 우대 폐기 등 정책 불확실성을 키우고 있지만 우리나라 기업들은 전기차, 배터리, 반도체 시장에서 이미 상위의 시장지위를 획득하였고 상위 사업자들은 비교적 변화에 잘 적응한다. 대중 강경파 트럼프의 재등장으로 우리 기업들은 단기적으로 혼란을 겪겠지만 수지타산을 따지고 보면 결국 이득일 것이다.

그럼 앞으로 보편관세인 10%를 지불하면 그만인가? 동맹국인 우리는 안전할까? 그 해답은 트럼프의 MAGA(Make America Great

Again) 운동과 이번에 지명한 부통령 후보 J. D. 밴스에서 찾을 수 있다.

애팔래치아 산자락의 오하이오 미들타운 출신의 J. D. 밴스는 조손 가정에서 유년기를 보냈다. 할아버지는 미국의 철강기업 ARMCO의 노동자였으나 1970년대 일본산 철강제품에 밀려 공장이 문을 닫자 실직하였다. ARMCO는 가와사키제철에 합병되었고 인구 4만 남짓의 도시는 실직자 천지로 흉흉해졌다. 밴스의 어머니는 할아버지의 실직으로 불우한 가정에서 제대로 된 교육을 받지 못했고 결혼 생활도 순탄치 못해 알코올과 마약에 찌들어 갔다. 밴스는 할머니 집으로 옮겨졌다.

가난하지만 강인했던 할머니는 밴스에게 학업을 권했다. 가난의 대물림을 끊고 아이를 이 지긋지긋한 동네에서 탈출시키기 위해서였다. 아무도 대학을 가지 않는 미들타운의 촌뜨기 출신이 할머니의 후원 아래 예일대 법대까지 진학했다. 학업을 마친 그는 변호사가 되고 캘리포니아에서 벤처투자업계에 투신했다.

그는 해병대와 대학, 그리고 캘리포니아의 직업 세계에서 자신이 자란 오하이오 산골동네와 전혀 다른 서구문화의 전형을 접하며 커다란 충격을 받았다. 금욕적이고 가족을 중시하고 성실히 자기 책임을 다한다. 성탄절에는 자기 선물 챙기기보다 돈을 모아 불우이웃에 기부한다. 미들타운에서 보던 주정뱅이, 마약쟁이가 없고 가정폭력도 악다구니도 없다. 복지수당을 얻기 위해 관청에 거짓말을 하는 이웃도 없다.

한 나라 미국에 전혀 다른 두 개의 인종이 존재한다. 백인, 흑인, 히

스패닉 얘기가 아니다. 건실하고 강인하고 독립적인 미국인과 나태하고 쾌락적이고 의존적인 미국인. 이렇게 된 원인은 2차대전 후 미국이 펼친 세계전략 때문이다. 미국 엘리트들은 전쟁으로 피폐해진 유럽과 아시아를 돕기 위해 미국 노동자들이 감내하기 힘든 속도와 범위로 시장개방을 강행했다. 시카고, 디트로이트, 피츠버그 등 중서부 일대의 전통 제조업들은 일본 기업들이 70년대 들어 부상하자 어려워져 갔고 중국이 세계화에 뛰어들자 통째로 붕괴하였다. 반스의 할아버지와 엄마가 그 피해자였고 자신은 할머니가 내려 준 밧줄을 타고 간신히 그 구렁텅이에서 벗어났다.

J. D. 반스는 MAGA 운동의 체현자로서 알려져 있다. MAGA 운동은 사실 평범한 미국인들에게 다시 아메리칸 드림을 꿈꾸게 하겠다는 것과 다름없다. MAGA는 이제 백인 노동자 계급만의 운동이 아니다. 샌프란시스코와 뉴욕의 엘리트만이 아니라 켄터키와 오하이오의 촌뜨기들도 열심히 일하면 잘살 수 있는 나라를 만들자는 운동이다.

이 운동은 노동자 계층을 포섭하며 지금은 공화당 내에서 세력을 키우고 있지만 원래 노조는 민주당의 전통적 지지기반이다. 민주당은 이 운동에 어떻게든 반응하며 양당 간의 정책은 진화·발전할 것이다. MAGA 운동이 지금은 중국을 겨냥하고 있지만 종국에는 일본, 한국을 겨냥할 것이다. 10% 보편관세는 그 시작일 뿐이다.

6. 마치며

 트럼프가 귀환한다면 미중 전쟁이 본격화되고 동북아 정세는 급변할 것이다. 트럼프와 바이든이 다른 점은 트럼프는 중국 너머를 보고 있다는 점이다. 우크라이나 전쟁이 독일과 러시아의 경제모델을 훼손했듯이 MAGA운동은 일본, 한국의 경제모델이 끝날 수 있다는 것을 의미한다.

 일본은 플라자 합의 이후 엔고의 고통 속에 대기업들이 수출시장 각지에서 현지화를 완료했다. 일본 경제는 우리 대비 3배 규모이지만 수출액이 한국과 비슷한 수준이란 것은 일본의 높은 현지화 수준을 시사한다. 수출은 그 동안 우리의 자랑이요 살 길이었지만 탈 세계화 시대에 과도한 무역흑자는 오히려 위험하다.

 수출 시장은 닫혀가고 바다는 위험해진다. 인구는 줄어가고 산업인력은 더 빨리 줄어가고 기업들의 경쟁력은 점점 더 약해진다. 몇몇 브랜드 제품과 첨단 제품을 제외하고 중간재, 범용재는 관세장벽에 가로막혀 시장을 잃는다. 해외 법인 설립이 대안이나 삼성과 현대 정도를 제외하고는 대기업들도 미국·유럽에 공장을 세우는 것을 버거워 한다.

 한국의 공장들이 오하이오의 공장처럼 문을 닫을 수도 있고 울산과 포항이 디트로이트나 피츠버그처럼 되지 않는다는 보장이 없다. 지난 60여년간 한국을 지탱해 온 경제모델이 그 수명을 다해가고 있다. 민관이 힘을 합쳐 새로운 경제 모델을 모색해야 할 때다.

2.
트럼프 시대가 한국 자동차 산업에 미칠 영향

트럼프 시대가
한국 자동차 산업에 미칠 영향*

김명수

1. 미국 경제의 대성공

　도널드 J. 트럼프는 2015년 미국 제45대 대통령 선거에 나서며 『불구가 된 미국(Crippled America)』이란 책으로 출사표를 내놓았다. 미국은 쇠퇴하고 있으며 경제는 절름거리고 특히 제조업과 인프라가 취약해졌다. 국경통제가 안 되어 불법이민이 난무하고 마약과 약물이 판치고 있다. 군사력도 약해졌고 국제사회에서 리더십을 잃어 가고 있으며 미국의 이익을 관철하지 못하고 있다. 그래서 "미국을 다시 위대하게(Make America Great Again, MAGA)" 만들기 위해 자신이 45대 대통령에 출마한다는 내용들이다.

　트럼프는 제45대와 제47대 두 번에 걸쳐 미국 대통령에 당선되었다. 이는 미국이 실패하고 있고 미국 경제가 절름거리고 있다는 그의 주장에 더 많은 수의 미국인들이 동의한다는 뜻인가? 과연 세계화

---

* 본 에세이는 2024년 12월 10일 발표된 것이다.

(Globalization)는 잠재적국들뿐 아니라 동맹국들이 미국을 마음껏 약탈하게 만들었는가? 미국은 계속 실패하고 취약해졌는가?

2차대전 종전 후 소비에트 공산주의의 확장을 막고 피폐해진 서유럽과 동아시아를 재건하기 위해 선택한 자유무역, 즉 사실상 미국 시장의 일방적 개방은 오히려 미국 경제를 전대미문의 수준으로 올려놓았다. 1913년 포드혁명에서 시작된 전통 제조업들은 1960~1970년대에 서유럽과 일본의 수출에 밀려 점차 경쟁력을 잃어 갔다. 그러나 미 국방부의 후원 아래 기술을 쌓아 간 반도체, 컴퓨터, 소프트웨어, 인터넷 산업들이 1980년대 이후 새롭게 태동되었다.

재능 있고 야망 있는 인재들은 신흥산업으로 모여들었다. 제조업에서 자본을 축적한 월가 자본들은 보다 높은 수익률을 좇아 신흥산업과 결합하며 투자은행과 헤지펀드, PEF 등으로 변모했다. 서유럽과 동아시아 국가들이 흉내 낼 수 있는 전자, 자동차, 기계 등 유형의 제품보다 눈에 보이지 않는 엔지니어링, 설계, 특허권 중심의 서비스 산업으로 진화하였다.

동부 해안가에는 금융업과 제약·바이오산업이, 서부 해안가에는 영화·미디어, 반도체, 컴퓨터, 빅테크 기업들이 쏟아져 나왔다. 남부지역에는 전통적 석유산업과 함께 국내외 기업들이 투자한 신규 공장들이 이른바 선벨트(Sun Belt)를 이루고 있다. 26조 달러에 달한다는 경제 규모도 놀랍지만 개개의 산업 모두 세계 1위로 압도적이다. 전자산업과 자동차산업의 패권을 잃었다지만 그마저도 애플과 테슬라를 통해 기술주도권을 되찾아 가고 있다. 미국은 세계화를 통해 실패한 것이 아니라 대성공을 거둔 것이다.

2. 미국 중서부 지역의 쇠락

문제는 제조업이다. 미국이 내준 제조업은 애팔래치아 산맥 서쪽에서 오대호까지, 이른바 미국 중서부(Midwest) 지역의 주력 산업이다. 미국 최초의 유전지대였고, 석탄, 철광석, 아연, 삼림 등 천연자원이 풍부하다.

게다가 오대호와 미시시피강 수계가 서쪽의 로키산맥과 동쪽의 애팔래치아 산맥에서 위도를 따라 흘러내리는 지류와 만나 미국 대륙을 정중앙으로 가로지르며 걸프만까지 이어진다. 자연운하가 내륙운송시스템을 완성한 가히 천혜의 물류환경이다. 내륙 오지에 집중된 자원을 해안가로 옮기기 힘든 중국, 러시아, 캐나다, 브라질과 달리 미국의 내륙 지역은 사실상 해안가와 같다. 풍부한 천연자원과 편리한 물류가 만나 철강, 비철금속, 석유화학 등 중화학공업이 발전하였다.

펜실베이니아, 오하이오, 미시건, 일리노이 일대의 배후산업을 배경으로 오대호 연안의 디트로이트는 자동차 산업의 중심지가 되었고 시카고는 거래의 중심으로 떠올랐다. 디트로이트에는 미국 자동차 Big 3의 본사가 자리하고 있다. 1848년 설립된 시카고 상업거래소(Chicago Mercantile Exchange, CME)가 뉴욕 상업거래소(NYMEX, 1872년 설립)보다 먼저 시작되었다. 뉴욕이 대서양무역의 중심이었다면 시카고는 내수의 중심지였다. 부와 욕망을 둘러싼 인간 군상을 노래한 뮤지컬 〈시카고〉와 금주법 시대의 마피아 알 카포네의 활동무대도 시카고였다.

이들 지역이 제45~47대 미국 대통령 선거를 치르며 핵심 지역으로 떠오른 이른바 'Swing States'이다. 시장개방과 세계화는 미국의 산업계에도 변신을 요구했고 경소단박하던 동·서 해안가의 공업지대는 서비스산업과 첨단산업 중심으로 발 빠르게 적응해 갔다. 그러나 투자규모가 크고 중량물을 다루며 노조가 강한 내륙의 중공업지대는 변신에 실패하였고 일본·독일·한국 기업들의 시장 잠식으로 몰락의 길을 걸을 수밖에 없었다.

트럼프가 미국을 다시 위대하게 만들겠다고 했을 때 그것은 이들 지역의 중공업을 다시 살려야 한다는 것을 의미하고 그 수단은 자동차공업의 부활이다. 자동차는 내연기관 기준 2만여 개의 부품이 결합하는 종합 기계공업 제품으로 철강, 석유화학, 기계, 유리, 도료, 부품 등 수많은 연관산업을 진작시킨다. 디트로이트 일대의 자동차 공업이 다시 부활한다면 중서부 전통 공업지역이 다시 일어나는 것은 불문가지의 일이다.

3. 트럼프의 관세정책에 대한 오해

1) 관세인상의 목적

트럼프는 관세인상으로 미국 제조업을 부흥시키려 한다. 이때 제조업이란 무엇을 말하는가? 시중에는 미국이 연필부터 로켓까지 거의 모든 제품을 자급자족(Autarchy)하는 체제를 구축하려 한다고 의심한다. 그러나 1인당 소득 80,000불, 시간당 최저임금 15~20불의 나라에서 보편관세 10%로 경공업 제품까지 경쟁력을 회복한다는 것은 어불성설이다. 미국의 최저임금은 이미 소득 3만 불의 한국과 비교해도 2~3배 수준이고 개도국과 비교하면 10배 이상 차이가 난다.

우선 트럼프는 보편관세 10%, 대중국 관세 60%를 공언하였다. 중국의 대미국 최대 수출품목은 여전히 의류, 가정용 소품 등 경공업 제품이다. 대중 관세 60%가 부과된다면 보편관세 10% 지역으로 경공업 생산라인을 옮겨야 한다. 경공업은 생산라인이 경소단박하니 이동이 쉽고, 노동력은 비숙련 노동자로도 충분하다. 중국에 있는 생산라인을 빠른 시일 내 동남아시아나 라틴아메리카로 옮기면 된다. 애플, 델, HP 등 미국 휴대폰, 컴퓨터 기업들에게는 관세를 몇 년 유예해 주면 된다. 경공업 제품의 생산기지 이동이 가시화되면 중국의 공업지대에 대량 실업 사태가 일어난다. 대중 관세 60%는 사실상 중국에 대한 금수조치(embargo)를 의미한다.

2) 약달러 전망

금융시장 일각에서는 미국이 수출을 장려하기 위해 앞으로 달러 약세를 용인할 것이란 전망이 나돌고 있지만 미국은 플라자 합의 이후 강달러 기조를 버린 적이 한 번도 없다. 약달러는 미국 금융산업에 엄청난 해가 되고 미국 국민들의 구매력을 약화시킨다. 더 중요한 것은 약달러는 각국 중앙은행과 금융기관의 달러 매도를 부추기니 달러패권에 치명적 독이 된다. 얼마 되지 않는 제조업 수출을 위해 거대한 금융산업을 희생시킬 수는 없는 노릇이다. 약달러에 대한 희망은 버리는 것이 좋다.

3) 보복관세 문제

미국의 관세인상은 상대국의 보복관세를 불러 세계 경제를 후퇴시킬 것이란 주장도 있다. 그러나 전술한 바와 같이 미국은 물건을 수출하는 것이 아니라 무형의 서비스나 특허권으로 보호받는 제품을 수출한다. 구글과 페이스북의 광고료에 관세를 매길 수는 없고 마이크로소프트와 오라클의 소프트웨어에 매기는 관세는 자국 기업에 부담이 된다. 디즈니의 영화와 존슨앤존슨의 약품에 관세를 매기는 것은 자국민 지갑을 터는 행위다. 유럽이든 동아시아든 미국산 제품과 서비스에 관세를 매기기는 어려운 일이다. 관세부과는 보복관세를 불러 무역전쟁으로 비화할 것이란 주장은 설득력이 없다.

4) 보편관세 10%가 노리는 것: 자동차 산업의 부활

트럼프가 자급자족 체제를 구축하려 한다면 그것은 아마 전자산업과 자동차산업 정도일 것이다. 그러나 전자산업은 밸류체인이 길고 하청관계가 복잡하며 1980년대 이후 미국에서 사라진 지 오래이므로 빠른 시일 내 복구가 거의 불가능하다. 삼성전자만 해도 베트남에 휴대폰 제조공장을 세울 때 약 4,000개의 한국 하청기업을 몰고 갔다고 하고,

애플의 팀 쿡은 제조원을 중국 외 지역으로의 옮기는 것이 너무나 어렵다고 미국 상무부에 호소한다.

그러나 자동차산업은 다르다. 미국은 연간 1,700만 대의 자동차를 수요하지만 그중 자국 내 생산은 1,000만 대에 불과하고 나머지는 주로 일본, 독일, 한국으로부터 수입한다. 자국 내 생산 1,000만 대 중 GM, Ford, Stellantis의 생산은 480만 대에 그치고 이들이 보유한 유휴설비만 200만 대에 이른다.

만일 수입 자동차에 10% 관세를 매겨 자국 브랜드가 가격경쟁력을 확보한다면 지금 픽업트럭 판매로 연명하는 미국 자동차 업계가 링컨, 캐딜락, 뷰익, 토러스를 앞세워 세단 시장에서도 일본·독일·한국 브랜드와 경쟁할 수 있을지 모른다. 트럼프 행정부의 현실적 목표는 자국 브랜드의 유휴설비 200만 대분의 재가동이다. 4년 임기 내 중서부 지역의 유권자들에게 MAGA를 체감하게 할 수 있는 정책은 이것밖에 없다. 한국, 일본, 독일 자동차 산업에 비상등이 켜졌다.

4. 트럼프 시대 한국의 산업전략

1) 위기의 자동차 산업

2023년 우리나라 대미 무역흑자는 440억 달러였고 이 중 4분의 3이 자동차산업에서 나왔다. 자동차산업은 미·중 패권경쟁 속에 대중 무역흑자 감소분을 상쇄하는 핵심산업으로 반도체에 이어 한국 경제를 좌우한다. 만일 대미 자동차 수출이 꺾인다면 한국의 모든 경제지표는 순식간에 경고등이 켜질 것이다.

일각에서는 일본의 고(故) 아베 신조 총리처럼 트럼프 당선자에게 한국의 대미 투자실적을 강조해야 한다고 하고, 미국산 농산물과 에너지를 적극 도입하여 대미 무역적자 규모를 축소하여야 한다고 주장한다. 이를 통해 자동차산업의 관세를 유예받거나 혜택을 간청할 수 있다고 기대한다.

그러나 이런 방식의 설득이 가능할지는 미지수다. 우리 기업의 현지 투자와 수입확대가 미국 경제에 도움이 된다는 것은 부정할 수 없지만 트럼프 진영의 핵심지역인 Swing States에 직접적 도움이 되지 않기 때문이다.

미국이 수입차에 관세를 매긴다면 현대기아차는 100만 대에 달하는 미국향 수출을 줄이고 미국 현지 생산을 확대할 수밖에 없다. 현대기아차는 재무상황이 좋고 30만 대 공장 1개당 1.5~2조 원의 자금이 소요된다고 볼 때 미국 현지에 공장을 짓는 것은 큰 문제가 아니다. 문제는 우리나라 공장 폐쇄에 따른 산업 공동화와 대량 실업의 발생이다. 이는 한국 경제를 통째로 위협하는 중대한 문제다.

2) 조선업 확장에 나서야

트럼프 당선자는 당선 직후 우리 대통령과의 통화에서 한국 기업과의 조선 협력을 기대하고 있다고 말하였다. 미국은 냉전 종료 후 조선 능력이 퇴화되었고 중국 대비 군함의 수가 더 적다고 한다.[1] 미국 정부는 국수국조(國輸國造)의 원칙을 선언한 존스법을 개정해 동맹국에서 군함 제작이 가능하도록 할 방침이고 그 대상은 한국과 일본이라고 한다.

미국 군수산업에 참여할 수 있는 좋은 기회이지만 문제는 우리의 생산능력이다. 우리나라의 조선 Big 3는 이미 3년 이상 수주잔고를 확보하고 풀가동 체제에 있어 미국 군함 제작에 참여할 여력이 없다. LNG선 물량만 해도 용접공 등 인력 조달 문제가 심각해 외국인 노동자 고용법을 변경해야 하는 지경이다.

따라서 Big 3 조선사가 미국 군함 제작사업에 참여하기 위해서는 경쟁력 약화로 남해안에 버려지다시피 한 중형 조선소들을 인수합병하여야 한다. 이들 조선소 야드에서 기수주한 LNG선을 건조하고 미국이 원하는 군함 건조에 나선다면 국내 자동차 산업의 충격을 완화할 수 있을 것이다. 트럼프 시대에 미구에 닥칠 산업 구조조정의 태풍을 맞아 정부와 업계가 함께 슬기롭게 대처하기를 바란다.

---

1) 미국 싱크탱크 전략국제문제연구소(CSIS)에서 2024년 9월 5일 발간한 '중국의 해군 구축 분석(Unpacking China's Naval Buildup)' 보고서에 따르면 중국의 군함은 234척, 미국은 219척이라고 한다.

3.
CES 2025에서 바라본 트럼프 시대의 생존전략

CES 2025에서 바라본 트럼프 시대의 생존전략*

김명수

1. 레이건식 플레이북의 한계

트럼프가 2017년 1월 미국의 제45대 대통령으로 취임하며 시작된 미·중 패권경쟁은 제46대 조 바이든 대통령을 거치며 심화 발전하였다. 트럼프의 대중 압박은 관세인상으로 무역제재를 가하고 화웨이 등 중국 국영기업과의 거래를 끊는 무역 및 산업정책적 측면이 강했다면 바이든의 대중 압박은 금융과 기술 부문에 집중된 것이었다.

금융 측면에서 고금리로 중국의 부채 의존 경제를 타격해 부동산 시장과 지방정부의 재정을 붕괴시켰고, 기술 측면에서 'Small yard, Big wall', 즉 첨단기술 분야에 높은 장벽을 쳐 나갔다. 저부가가치 제품의 교역은 허용하되 반도체, 전기차, 배터리, AI 등 하이엔드 기술 분야에서 중국의 기술개발을 저지하는 것이 목표로 이는 미국의 대서양 동맹국 그룹인 EU의 디리스킹(de-risking) 전략과 맥을 같이한다.

---

* 본 에세이는 2025년 1월 20일 발표된 것이다.

트럼프 2기 정부는 바이든 정부보다 더 매파적일 것이므로 국제 정치 경제에 불확실성이 커지고 있다고 야단이지만 사실 향후 4년간의 모습은 의외로 선명하다. 트럼프의 목표는 대중 최대 압박(Maximum pressure)이고 제약조건은 차기 정권 재창출을 가능하게 하는 한도에서다. 한마디로 자국 경제에 부담을 주지 않으면서 대중 압박을 강화하는 것이다.

트럼프의 대중 최대 압박은 1980년대 로널드 레이건 대통령의 플레이북을 따를 것이다. 무지막지한 군비경쟁을 하고, 상대국 경제의 아킬레스건을 공격한다. 구 냉전기 소련 경제의 수익원은 석유이니 저유가에 빠트렸다면, 신 냉전기 중국 경제의 수익원은 수출이니 관세를 올려 무역제재를 가하면 된다. 트럼프가 하이엔드 기술 분야에만 국한된 것이 아니라 가정용·사무용 소품 등 저부가가치 제품까지 고관세를 예고한 배경이다. 중국의 대미 수출액 중 가장 큰 비중을 차지하는 것이 가정용 소품이다.

하지만 레이건의 플레이북은 한계를 가진다. 가정용 소품 등 저부가가치 제품은 동남아시아나 라틴아메리카로의 신속한 서플라이체인 이전이 가능하지만 관건은 전자산업이다. 전자산업은 밸류체인이 1, 2, 3, 4차 협력업체에 이를 정도로 길고 생산과정이 고도로 복잡해 이들 지역으로 이전이 불가능하다.

중국은 세계의 거의 모든 전자제품을 생산하고 미국도 이를 수입한다. 미국의 2023년 수입 통계 기준 휴대폰 546억 불, PC와 서버 392

억 불, TV 101억 불 등 이 세 품목만 해도 1,039억 불이다. 수입자는 애플, HP, 델 등 미국의 간판기업이다. 미국은 세계 최고의 R&D 능력을 갖추었지만 전자제품의 제조에 관한 한 중국에 예속되어 있다.

2. CES 2025에서 목도한 것

미국은 반도체, AI, 양자컴퓨터, 전기차, 배터리 등 전자산업의 신기술 전 분야에 걸쳐 대중 규제를 쏟아 낸다. 그러나 중국 전자산업에 대한 전방위 규제에도 불구하고 전문가들은 중국 기업들이 미래 기술 혁신을 주도할 것으로 예상한다. CES 2025는 미국 정부의 생각과 업계의 현실이 얼마나 괴리가 심한지를 적나라하게 보여 주었다.

중국 기업들은 자신들에게 적대적인 미국과 EU의 정부를 건너뛰고 자유민주주의 사회의 개방성을 활용해 그 나라의 소비자들에게 직접 어필하기로 마음먹었다. 예년과 달리 중국 기업들이 대거 출전한 CES 2025는 그들의 신제품 경연장이었다. 그들이 선보인 전기차, 드론, 가상현실안경, 로봇, AI 응용제품들은 놀라움 그 자체였다.

엔비디아의 젠슨 황은 키노트 스피치에서 로봇 플랫폼을 만들겠다고 선언했지만 결국 그 로봇은 중국 기업들이 만들 것이다. 신기술의 개발만큼 중요한 것이 공정기술인데 AI혁명이 쏟아 낼 신제품 개발에서 중국 기업들과 협력하지 않는다는 것은 어리석은 짓이다. 양적·질적으로 비교가 되지 않는 중국 기업 군단의 R&D 행진에 맞서 우리 기업들이 살길은 어디인가?

우선 다행인 것은 AI혁명으로 혁신 경쟁의 소용돌이 속에 있는 신제품은 거의 모두 상용화의 초기 단계란 사실이다. 시장 초입 단계의 제품은 정부 규제가 가능하고 세계 1, 2위 소비대국으로 거대한 '사는 자(buyer)'인 미국과 EU는 제품의 제원과 형식, 거래방식을 정할 권리가 있다.

그러나 CES 2025의 전시장에는 혁신 제품만 있는 것이 아니다. 범용제품인 TV와 컴퓨터 등도 우리 기업들을 공포에 떨게 하기에 충분했다. TCL과 하이센스의 TV와 노트북, 게임용 컴퓨터는 삼성과 LG에 결코 뒤지지 않는 품질을 선보였다. 삼성전자와 LG전자의 TV는 북미 시장 점유율이 55.2%에 달하지만 이제 곧 값싸고 질 좋은 중국 제품에 밀려 전자 양판점 베스트바이의 뒷줄에 설지도 모른다. 해결책은 무엇인가?

3. 미국으로 미국으로

바이든 연간에 만들어진 인플레이션감축법(Inflation Reduction Act, IRA)은 우리 기업들로 하여금 미국 현지에 공장을 건설하도록 만들었다. 거액의 보조금과 거대한 미국 시장을 포기할 수 없기 때문이다. 그런데 새해 들어 현대제철은 미국에 제철소를 세우겠다고 한다. 그것도 보조금 없이.

현대차 그룹이 미국에 제철소를 세운다는 것은 현재 미국 내 1, 2, 3 공장을 넘어 더 많은 공장을 지을 수 있다는 뜻이다. 현대차 그룹은 미국 시장에 연간 170만 대를 판매하고, 그중 100만 대는 한국 공장에서 수출한다. 2023년 우리 경제의 대미 무역흑자액 440억 불 중 3/4이 자동차 수출에서 나왔다. 만일 트럼프가 10~20% 보편관세를 매긴다면 미국에 공장을 세우고 직접 공급하는 수밖에 없다. 자동차 산업의 미국 진출은 우리 기업의 생존을 위한 우리의 선택으로 미국이 시킨 것이 아니다.

그러나 산업적으로 미·중이 디커플링할 때 가장 난이도가 높은 것이 전자산업이다. 미국은 전자산업을 어떻게 다룰 것인가?

트럼프 1기인 2018년 1월 미국 정부는 느닷없이 세탁기 품목에 대해 쿼터 한도 내 수입 수량에 대해 20%, 쿼터 초과분에 대해 50%의 관세를 매긴다고 발표하였다. 월풀, GE 등 자국 업체를 보호하기 위한 조치였다. LG와 삼성은 신속히 세탁기 공장을 중국에서 북미로 옮겼고 지금도 미국 시장 점유율 40%를 지키고 있다. 월풀도 자국 영토 내에 10개의 공장을 풀가동하며 점유율을 올려 나가고 있다(32%).[1]

세탁기 사업에서 영감을 얻었는지 새해 들어 LG전자가 미국 테네시에 TV, 냉장고 공장을 짓는다고 한다. 세탁기 10배 규모의 시장(북미 시장 209억 달러 규모)인 TV를 중국 업체에 뺏긴다면 우리 가전 사업은 존립이 어려울 것이다.

---

[1] 해당 고관세 조치는 2023년 2월 폐지되었다.

TV는 세탁기와 달리 미국 기업들의 점유율은 대단히 낮아(6.5%) 미국 입장에서 고관세의 실익이 없다(대중 관세율 11.4%). 그러나 중국 시장에 들어가기 위해 중국 기업들에 기술이전을 하였듯이 미국 시장을 지키기 위해 미국 기업들에 기술이전을 한다면 문제가 달라진다. 우리 기업의 협력으로 미국 기업들의 TV 시장 점유율이 올라간다면 미국 상무부 입장에서도 마다할 일이 아닐 것이다.

TV가 미국에서 제조된다면 디스플레이 공장이 뒤따를 것이다. 그렇다면 노트북, 게임기가 안 될 이유는 무엇인가? 더 나아가 아이폰은 왜 안 되는가?

트럼프 1기 때 팀 쿡은 아이폰의 중국공장 의존도를 낮추겠다고 약속했지만 트럼프-바이든 8년을 지나며 진전된 것은 거의 없다. 삼성전자는 4,000여 개의 한국 휴대폰 협력업체를 이끌고 베트남으로 공장이전 하였지만 폭스콘이 그럴 리는 없을 것이다. 한국 기업들과 달리 중국 휴대폰 협력업체는 폭스콘과만 거래하는 것이 아니므로 폭스콘의 부품업체에 대한 장악력은 떨어진다. 게다가 폭스콘 회장 궈타이밍은 양안관계를 중시하는 국민당 대선후보로 나섰던 인물이다.

TV산업의 미국 이전이 성공한다면 트럼프는 팀 쿡에게 다시 물을 것이다. 아이폰이 안 되는 이유는 무엇인가?

4. 힘겨운 도전에 직면한 우리 기업들

그동안 산업 전문가들은 우리 기업들에게 혁신과 생산성 개선이 유일한 돌파구라고 흘러간 유행가처럼 노래 불러 왔다. 그러나 선전, 상하이 등 해안가의 혁신 클러스터에서 중국 정부로부터 거의 무한정의 보조금을 받으며 996(아침 9시부터 밤 9시까지 하루 12시간, 주 6일 근무하는 중국의 근무 방식을 말함)으로 일하는 중국 기업들에게 맞서는 것은 거의 불가능하다.

우리 기업들은 혁신과 생산성 향상에 애쓰되 보다 큰 산업구조적 측면에서 우리 기업들의 생존 방정식을 찾아 나가야 한다. 예를 들어 트럼프가 주도하는 관세장벽의 시대에 미국에 공장을 짓고 경쟁력 있는 서플라이 체인을 구축한다면 우리 기업들의 생존은 가능하다. 전자산업의 미·중 디커플링은 빛의 속도로 추격해 오는 중국 전자산업의 진군을 막아 낼 수 있는 좋은 기회가 될지도 모른다.

우리 기업들이 전자산업의 미·중 디커플링에 잘 적응한다면 북미시장에서 수혜를 입겠지만 그 외 지역에서 힘겨운 싸움을 해야 하는 것은 여전하다. 더 나아가 국내 기업의 미국 진출 가속화는 국내 산업 공동화를 초래해 내수 시장은 인구 감소와 맞물려 점점 축소되어 갈 것이다. 전자산업에 불어닥치는 내우외환을 맞아 우리 기업들이 어떤 생존전략을 펼쳐 나갈지 가슴 졸이며 지켜볼 일이다.

하지만 과거 30년간 시장경제가 주도하는 글로벌라이제이션화를 이

례적인 경우로 보고 우리에게 주어진 지정학적 조건을 직시한다면 새로운 번영의 방정식을 찾을 수도 있을 것이다. 원래 중국, 일본, 러시아의 틈바구니 속에 산다는 것은 고단한 것이다. 우리 선조들이 지난 5,000년간 대륙과 해양에서 전해 오는 압박을 어떻게 이겨 내고 고유의 정체성을 유지했는지 감탄하는 것은 유독 필자만의 감정은 아닐 것이다.

4.
트럼프 시대의 글로벌 환율 질서와 원화의 미래

트럼프 시대의 글로벌 환율 질서와
원화의 미래*

송기종

환율에 대한 우려가 지속되고 있다. 우리나라의 순대외금융자산이나 외환보유고 규모, 경제와 금융시장의 성숙도 등을 고려할 때 패닉에 빠질 필요는 없다는 시각이 대부분이다. 이를 반영하여 외환시장의 유동성에도 큰 문제는 없는 것으로 보인다. 정치적 불확실성이 다소 감소하고, 국민연금의 헤징 물량이 나오면서 가팔랐던 환율 상승세도 일단 주춤해졌다. 하지만, 우리나라 경제와 정치에 부정적인 뉴스가 넘쳐 나는 가운데, 환율이 심리적으로 받아들이기 어려운 달러당 1,500원에 근접하면서 불안감을 떨치기 어려운 것도 사실이다.

단기 환율 전망도 중요하지만, 트럼프 2기 출범이 다가오면서 글로벌 금융시장 환율 전반에 대한 고민도 깊어질 수밖에 없다. 비전통적인 경제관을 가지고 있는 트럼프 정부하에서 글로벌 금융시장과 외환시장의 불안정성이 높아질 수밖에 없기 때문이다. 이러한 때일수록 좀 더 먼 과거를 보면서, 미래의 모습을 유추해 보는 것이 도움이 될 것이다.

---

* 본 에세이는 2025년 1월 15일 발표된 것이다.

1. Post-플라자 환율 질서의 위기

너무 익숙해져 마치 태곳적부터 존재했던 것처럼 느껴지는 현재의 글로벌 환율 질서는 사실 1985년 플라자 합의 이후 만들어진 것이다. 하지만, 이 'Post-플라자 환율 질서'를 지탱해 오던 요인(자유주의 주류 경제학에 기반한 경제정책 등)들은 2008년 금융위기 이후 하나둘씩 사라지고 있다. 트럼프 2기에 이 환율 체제는 살아남을 수 있을까?

환율[1]이 어떤 정상적인 수준으로 회귀하는 자연적인 메커니즘은 없다. 신흥국 투자자들이 흔히 하는 실수가 큰 폭으로 절하된 신흥국 통화가 이전 수준으로 복귀할 것으로 예상하는 것이다. 하지만, 한번 절하되기 시작한 신흥국 통화는 많은 경우 절하 추세가 지속되며, 절하 속도가 늦춰지는 것만으로도 다행인 경우가 대부분이다.

하지만, 소위 선진국 통화의 환율은 다른 양상을 보인다. 미국과 각국의 경제상황 차이로 등락을 보이기는 하지만, 1985년 플라자 합의의 영향이 모두 반영된 1987년 이후에는 이전 대비 변동성이 크게 감소하였고 추세적인 Level 변화폭도 줄어들면서 눈에 띄게 안정된 모습을 보이고 있다.

---

1) 편의를 위해서 미국 달러와 관련된 환율은 모두 달러당 해당국 통화로 통일하였다.

달러의 금태환 정지(1971년) 이후 주요 3개국 대미환율 (1987~2021년 평균=1)

자료: Federal Reserve Economic Data
주: 달러의 금태환 정지 이전에는 고정환율 시스템

그렇다면, 신흥국 환율 변동과 선진국의 환율 변동의 차이, 그리고 선진국의 환율 변동 중에서도 플라자 합의 이전과 이후에 확연한 차이를 보이는 이유는 무엇일까? **가장 중요한 첫 번째 요인은 선진국 간 인플레이션 격차의 축소이다.** 인플레이션 격차가 장기간 누적되면 결국 환율의 변동을 통해 조정되는데, 1970년대 '대(大)인플레이션의 시대'가 종료되고 선진국의 인플레이션이 낮은 수준으로 수렴하여 안정되면서 선진국 환율의 변동성이 크게 줄어들었다.

두 번째 요인은 선진국 내 경제정책의 수렴이다. 국가별, 시기별로 경제정책 기조에는 차이가 있지만, 전반적으로 인플레이션의 안정이 중요하며, 무리한 경제성장 추구가 거시경제 안정성을 해칠 수 있다는 인식이 확산되었다. 또한, 성장률을 높이기 위해 통화가치의 저평가를 의도적으로 추구하는 경향도 크게 약화되었으며, 관세를 통한 무역전쟁은 금기시되었다. 이와 같이, 자유주의 주류 경제학에 기반한 경제정책으로 선진국들의 재정, 통화, 교역 정책이 수렴하면서, 국가 간 경제상황의 차이는 주로 국내 가격변수(임금 및 물가)를 통해 조정되었고, 환율에 미치는 영향은 크지 않았다. 예를 들어, 잃어버린 20년 동안 일본의 1인당 생산성 증가는 미국에 비해 크게 낮았지만, 미국 노동자의 임금이 상승하는 동안 일본 노동자의 임금은 정체되면서 양국의 생산성 증가율 격차가 환율에 미치는 영향은 거의 없었다.

세 번째 요인은 글로벌화에 따른 선진국 간 경기 동조화이다. 교역의 증가와 기술 확산의 가속화, 자본 이동의 용이성 증가 등으로 선진국 간 경기가 동조화되는 경향을 보였으며, 이는 환율 변동성을 줄이는 데 일조했다. 선진국의 경기가 모두 유사한 흐름을 보인 것은 아니지만, 큰 폭의 경제상황 격차가 장기간 지속되는 현상은 사라졌다. 이에 따라, 경제상황의 격차가 급격하게 환율변동을 통해 반영되는 현상이 약화되고, 앞에서 언급한 국내 가격변수(임금 및 물가)를 통해 점진적으로 반영되는 경향이 강화되었다.

결론적으로 강조하고 싶은 것은 우리가 너무나 익숙해져서 당연한 것처럼 보이는 오늘날의 선진국 간 환율 질서(편의상 'Post-플라자 환율 질서')는 사실 역사적으로 만들어진 것이라는 점이다. 지금은 낮은 환율 변동성에 너무나 익숙해져서 3~5% 정도의 환율 변동도 아주 커 보이지만, 1971년 닉슨 미국 대통령이 달러의 금태환(1달러당 35온스의 금을 교환하는 제도) 정지를 선언(사실상 변동환율제도로의 이행)한 이후 'Post-플라자 합의 환율 질서'가 정착되기까지 선진국의 통화가치도 오늘날 신흥국처럼 요동쳤다. 그러나 1980년대부터 자유주의 주류 경제학에 기반한 경제정책(인플레이션 및 거시경제 안정 중시, 기술 발전 및 생산성 개선을 통한 성장 추구, 교역 확대와 세계화, 통화 저평가 및 관세정책을 통한 수출부양 자제 등)이 대부분의 선진국에서 채택되면서 현재의 'Post-플라자 환율 질서'가 만들어진 것이다. **다시 말하면, 현재의 환율 질서는 자유주의 경제학을 신봉한 경제정책 엘리트들이 섬세하게 만들어 낸 작품에 가깝다.**

자, 이제 눈치챘을 것이다. **앞에서 다소 장황하게 설명한 'Post-플라자 환율 질서'를 지탱하던 요인들은 2008년 금융위기 이후 하나둘씩 사라지고 있다.** 자유주의 경제학은 이제 대중들에게 인기를 잃었고, 자유주의 경제정책 엘리트들은 신뢰를 잃어 더 이상 정치인들을 설득할 수 없다. 1970년대의 고인플레이션과 높은 환율변동성을 기억하는 사람은 많지 않지만, 빈부격차 확대와 중국의 부상, 이민자 유입은 바로 옆에 있는 문제이다. 무역을 확대하고, 효율성 향상과 때로는 내핍을 통해 점진적인 경제성장을 추구해야 한다는 설교는 부자들과 중국인을 위해 내가 희생해야 한다는 이야기로밖에 들리지 않는다. 이러한 배경에서 유럽과 미국에서 Populist 정치인들이 득세하고 있다. 왜 일자리를 되찾고, 소득을 높이기 위해 관세와 통화정책과 환율 정책을 더 적극적으로 사용하면 안 되는가? 이러한 가운데 트럼프 2기가 시작되고 있다. 과연 'Post-플라자 환율 질서'는 살아남을 수 있을까?

2. '미국 우선주의 Fed'와 글로벌 환율 질서

트럼프 2기가 출범하고 Powell Fed 의장 임기 종료(2026년 5월) 이후 가시화될 '미국 우선주의 Fed'가 어떤 모습일지, 글로벌 금융시장과 환율 질서에 어떤 영향을 미칠지도 주목해야 한다. 글로벌 금융시장과 외환시장의 변동성이 'Post-플라자 환율 질서' 시기 대비 비약적으로 높아질 것이다.

글로벌 환율 질서, 그리고 더 나아가 글로벌 금융시장의 King Pin은 역시 Fed이다. 1979년에서 1987년까지 Fed 의장을 지낸 Volcker는 미국 인플레이션의 안정을 이끌어 냈고, 1985년 플라자 합의를 막후에서 조율하면서 'Post-플라자 환율 질서'를 만들어 낸 장본인이다. Volcker 이후 Fed는 4명의 후임 의장 시기를 거치면서 인플레이션을 통제하고, 자유주의 주류 경제학을 전 세계에 전파하였다. 그리고 위기 시에는 '최종 대부자'로서 달러 유동성을 미국 및 글로벌 금융시장에 공급하면서 글로벌 금융시장과 환율 질서를 수호했다. 물론, Fed는 철저하게 미국의 이익에 봉사하는 기관이다. 하지만, 자유주의 주류 경제학의 세계에서 글로벌 금융시장의 안정과 미국의 이익은 대부분의 경우 상치하지 않는 개념이다.

하지만, 과연 트럼프 대통령이 임명할 Fed 의장하에서도 같은 이야기를 할 수 있을지는 불확실하다. 아니, 부정적이다. 첫 임기 동안 트럼프 대통령은 정통 보수주의자들의 견제를 받았다. 취임(2017년 1월) 1년도 되지 않아 아직 당과 행정부를 완전히 장악하지 못한 트럼프는 이들 전통 보수주의자들의 지도를 받아 Powell을 Fed 의장으로 지명할 수밖에 없었다. 즉, Powell은 트럼프의 선택이 아니었으며, Powell과 트럼프는 지명 이전에도 이후에도 거의 만나지 않았다. 하지만, 오래 지나지 않아 트럼프는 Fed 이사진(Governor)[2]에 자신의 입맛에 맞는 인사들을 지명하면서 본색을 드러냈다. 가장 극단적인 사례는 보수 학자 '주디 셸턴'이다. 그녀는 금본위제로의 복귀나 예금보험제도 철폐와 같은 비전통적인 경제철학을 가지고 있었으며, 원래는 방만한 통화정책 운영을 강하게 비판하는 입장이었으나 트럼프 1기에서는 트럼프의 주장에 동조하면서 갑자기 더 큰 폭의 통화 완화가 필요하다는 입장으로 선회하기도 하였다. **이러한 기괴한 Fed 이사진 지명은 충성심과 본인의 영향력을 통해 Fed의 의사결정에 개입하려는 시도이다.** '다행히도', 미국 상원의 공화당 내 정통 보수주의 세력이 반대하면서 주디 셸턴을 비롯한 비전통적 경제철학을 가진 지명자들은 Fed 이사 취임에 실패했다. 하지만, 이러한 에피소드는 두 번째 임기 동안 트럼프가 Fed를 어떻게 다룰 것인지를 보여 주고 있다.

취임 이후 한동안은 1기 때와 마찬가지로 트럼프 대통령과 Fed 간의 갈등이 증폭될 것으로 보인다. 하지만, 2026년 5월 Powell이 임기를 마치면 트럼프는 더 이상 소셜미디어에서 Fed 의장을 '멍청이(clueless)', '얼간이들(boneheads)', '끔찍할 정도로 비전이 모자란 사

---

[2] 연방준비제도는 12개의 지역 연방준비은행과 연방준비은행 이사회로 구성되며, 이사회는 1명의 의장(Chair)과 1명의 부의장(Vice Chair), 5명의 이사(Governor)로 구성된다. Fed 이사진은 모두 FOMC 구성원이며, 의장 이외에는 각자 금융규제, 금융기관 감독, 거시경제건전성 감독 등의 업무영역을 개별적으로 책임지고 있다. 대통령이 지명하고 상원의회가 인준하며, 의장 및 부의장의 임기는 4년, 다른 이사의 임기는 14년이다.

람'이라고 비난(실제로 트럼프는 1기 동안 이렇게 했다)할 필요가 없다. Powell 자리에 자신과 철학을 같이하고 자신이 직접적인 영향력을 행사할 수 있는 사람을 앉히면 되기 때문이다. 1기 동안에는 행정부와 의회에 지분을 가지고 있는 전통 보수주의자들의 눈치를 봐야 했고, 의회의 인준 여부도 신경 써야 했다. 하지만 이제는 그럴 필요도 없어졌다. 머지않은 미래에 우리는 대통령의 강한 영향력하에서 '미국 우선주의' 철학을 공유하는 Fed를 보게 될 것이다.

 '미국 우선주의 Fed'는 어떤 모습일까? 구체적인 모습을 예측하기는 어렵지만, 몇 가지 점들은 추측해 볼 수 있다. **첫째, 통화정책, 금융기관 규제, 그리고 위기관리 등 모든 영역에서 Fed의 의사결정은 이전보다 쉽지 않을 것이고, 예측 가능성은 크게 떨어질 것이다.** Fed는 뼛속까지 자유주의 정통 경제학에 기반한 조직이다. 중앙은행의 독립적인 통화정책이 인플레이션과 거시경제 안정의 핵심이라고 생각하고 있다. 닉슨 대통령[3]과 번즈(Arthur F. Burns) Fed 의장의 밀월 관계가 1970년대를 '대(大)인플레이션'의 시대로 만들었고, 독불장군 Volcker가 이를 해결했다고 생각하는 사람들이다. 이러한 상황에서 대통령의 영향력하에 있는 의장을 통해 트럼프의 경제관을 Fed의 정책에 반영하는 것은 Fed 조직 내 불협화음을 만들어 내면서 정책의 일관성을 떨어뜨릴 것이다.

---

3) 과거 미국 대통령 중 트럼프 대통령과 가장 유사한 성향으로 평가받는 닉슨 대통령은 번즈 당시 Fed 의장을 회유, 협박하여 통화정책에 개입했으며, 자신의 재선을 위한 재정지출 확대에 걸림돌이 되자, 금태환 제도를 서슴없이 폐지(1971년 닉슨 쇼크)하여 전 세계 금융시장을 혼란에 빠트렸다. 자세한 내용은 「인플레이션의 복귀와 장기금리 상승 가능성(Ⅲ) - 70년대의 교훈과 지금 시장이 Fed에게 묻고 있는 것」, NICE신용평가, 2021.03. 참조.

둘째, Fed의 비상시 달러 유동성 공급능력은 유용한 협상 카드가 될 것이며, 글로벌 금융시장의 위기관리 능력은 약화될 것이다. 신흥국 위기나 2008년 금융위기, 2020년 코로나 발발 시기에 Fed는 여타 중앙은행과의 통화 스왑 등을 통해 달러 유동성을 충분히 공급하면서 위기 진화를 지휘했다. 하지만, 이제 이러한 달러 유동성 공급능력은 '미국 우선주의'라는 목표를 위해 사용될 것이다. 당연히 무료가 아니며, 수혜국은 상당한 대가를 지불해야 한다는 의미이다. 때로는 선별적으로 사용되면서, 위기에 빠진 국가로부터 최대의 이익을 얻어 내는 데 활용될 것이다. **트럼프 대통령에게 달러는 가장 좋은 전략자산이다.**

마지막으로, '미국 우선주의 Fed'는 완화적 통화정책을 추구할 것으로 보인다. 모든 대통령은 완화적 통화정책을 원하며, 특히 트럼프 대통령은 여타 국가가 자국통화의 약세를 통해 관세의 효과를 반감시키려는 시도를 봉쇄하려 할 것이다. 그리고 그는 이러한 의도를 숨기는 사람이 아니다. 2019년에는 경기가 다소 둔화되는 모습을 보이자, 소셜미디어를 통해 '독일이 마이너스 금리 국채를 판매하면서 미국에 대해 경쟁우위를 확보'했기 때문에 '이자율을 제로 이하로 내리도록' 촉구한 후, Powell 의장과 FOMC에게 욕설을 퍼부었다. 이러한 압박이 Powell 임기 동안에는 효과를 내기 힘들겠지만, 차기 Fed 의장하의 '미국 우선주의 Fed'에서는 가능할 것이다.

완화적 통화정책은 달러 약세 요인이기는 하지만, 글로벌 금융시장의 불안정성에 따른 달러 보유 욕구(달러 강세 요인)를 이길 수 있을지는 불확실하다. 아마도 어떤 시기에는 완화적 통화정책의 영향이 강해지기도 하고, 어떤 시기에는 금융시장 불안정성의 영향이 강해지면서, 전반적으로 달러의 가치의 변동성이 높아질 것이다. '미국 우선주의 Fed'의 모든 특징들은 글로벌 금융시장과 외환시장의 변동성이 'Post-플라자 환율 질서' 시기 대비 비약적으로 높아질 수밖에 없다고 말하고 있다.

3. 원화 대미환율의 장기평균 이탈과 최근의 환율 상승

1997년 외환위기 이후 장기간 유지되어 온 정상 환율범위(달러당 1,000~1,250원)라는 개념은 일단 머리에서 지우는 편이 좋을 것 같다. 달러당 1,500원의 환율 수준이 위기를 의미하지는 않지만, 새로운 시대에 높아질 환율 변동성에 대비해야 한다. 불안정성이 높아질수록 거시경제 안정성과 신뢰를 유지하는 것이 중요하다.

우리나라 대미 환율의 장기 추이를 보면, 큰 틀에서 'Post-플라자 환율 질서' 내에서 움직이고 있다는 것을 알 수 있다. 다만, 두 가지 정도 눈에 띄는 특징이 있는데, 첫째는 한 차례의 Level 변동이 있었다는 것이다. 'Post-플라자 환율 질서'가 정착된 1987년부터 1997년 외환위기까지 우리나라 환율은 대략 달러당 800원 내외를 중심으로 변동(당시는 관리변동환율제)하였으나, 이후로는 달러당 1,000~1,250원으로 Level이 변경되었다. 두 번째 특징은 변동성이 다소 높다는 것이다. 이는 우리나라 경제의 대외의존도가 높고, 경기순행적(Pro-cyclical) 특징을 반영한 것이다.

많은 우여곡절이 있기는 했지만, 1997년 외환위기의 충격이 사라진 이후 우리나라 환율은 오랫동안 달러당 1,000~1,250원의 밴드 안에 머물렀다. 일시적인 원화의 고평가 시기(2005년부터 금융위기 직전)와 2008년 금융위기 동안 이 범위를 잠시 벗어나기는 했지만, 그 기간은 길지 않았다. 많은 사람들이 달러당 1,000~1,250원 수준의 대미환율을 정상적인 범위로 생각하고, 1,250원 이상의 수준을 위기 신호로 여기는 이유일 것이다.

하지만, 2022년 미국의 금리 인상 사이클이 시작된 이후의 대미환율의 움직임은 이전과 다른 움직임을 보이고 있다. 과거에는 달러당 1,250원 수준을 상회하더라도, 불안요인이 해소되면 다시 정상 범위로 돌아오는 경향이 있었다. 하지만 이번 사이클에서는 다른 주요국들의 환율이 장기 평균(1987~2021년 평균) 이내의 범위로 내려왔으나, 원화의 환율은 높아진 수준을 지속적으로 유지하는 모습이다. 그리고 이러한 높아진 환율 수준에 최근 미국과의 통화정책 격차 확대 전망, 국내 정치 불안정성 등이 더해지면서, 달러당 1,500원 수준에 근접한 수준을 보이고 있다.

원화의 대미환율(월평균) (단위: KRW/USD)

자료: 한국은행

심리적 저항감이 있기는 하지만, 여러 요인들을 볼 때 달러당 1,500원의 환율 수준이 위기를 의미하지는 않는다. 첫째, 일부 언론에서는 '1997년 외환위기'나 '2008년 금융위기' 이후 가장 높은 수준이라는 자극적인 제목으로 불안감을 자극하고 있지만, **당시와 비교할 때 환율의 수준만 비슷할 뿐, 상승폭은 비교할 수 없을 정도로 작다.** 97년 외환위기 때는 달러당 900원 수준에서 1,700원을 상회하는 수준까지 상승했으며, 2008년 외환 때는 달러당 950~1,000원 수준에서 1,500원 수준으로 상승했었다.

주요국 5년물 CDS 프리미엄(좌) 및 한국 5년물 CDS 프리미엄(우)

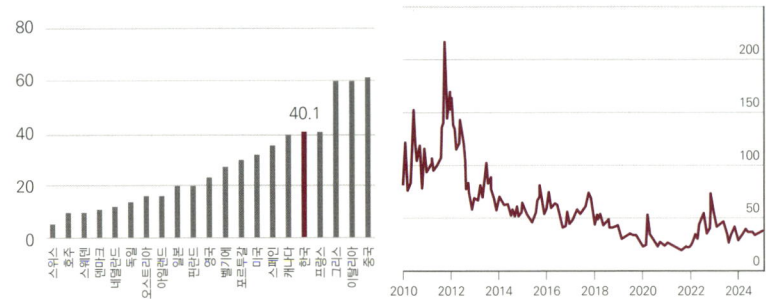

자료: World Government Bonds(https://www.worldgovernmentbonds.com)
주: 좌측 주요국 5년물 CDS프리미엄은 2025년 1월 14일 기준

둘째, **최근의 환율 상승은 CDS 프리미엄의 폭등이나 달러를 구하기 위해 모두가 달려가는 형태의 패닉을 동반하지는 않고 있다.** 한국 5년물 CDS 프리미엄 수준은 최근 상승하기는 했지만 40bp 정도로 캐나다, 프랑스와 유사한 수준이다. 또한, 외환시장의 유동성 상황도 우려할 만한 수준은 아니어서, 환율 변동 속도를 조절하기 위해 진행되었던

당국의 외환 개입 규모도 크지 않았던 것으로 보인다. 이제 우리나라는 소위 '자본수출국'이 되었고, 국민들이 보유하고 있는 대외금융자산 규모가 대외금융부채 규모를 크게 초과하고 있다는 점이 과거와 달리 외환시장이 패닉에 빠지지 않는 중요한 이유일 것이다. 이제 달러 차입금을 상환할 자금을 확보하기 위해 금융기관과 기업들이 외환시장으로 달려가거나, 미국 금융기관에 구걸할 필요가 없어졌기 때문이다.

이와 같이 최근의 환율 변동을 긍정적으로 해석하면, 상당한 수준의 대내외 충격이 반영되면서 대미 환율은 상승했지만, 우리나라가 가지고 있는 대응능력 덕분에 패닉에 빠지지는 않은 상황이라고 할 수 있다. 그렇다고 **정치적 불확실성이 해소되고 글로벌 금융시장이 조금 안정되면 환율 변동성이 감소하고, 환율 수준이 과거의 정상 범위로 회귀할 것이라고 기대하기는 어렵다. 이렇게 전망할 수밖에 없는 첫 번째 이유는 미국과 우리나라의 경제상황과 통화정책 차이가 벌어지고 있기 때문이다.** 미국의 경기와 노동시장은 아직까지 호황을 지속하고 있으며, 이에 따라 Fed의 정책금리 인하 사이클도 막바지에 다다르고 있다. 반면, 우리나라의 경기하강 국면은 아직 진행 중이며, 좀 더 심화될 가능성이 높다.[4]

---

4) 이 부분에 대한 자세한 논의는 「최근 달러 강세가 금융회사에 미치는 영향 점검 – 은행, 증권, 보험」, NICE신용평가, 2025.01.의 1장 참조.

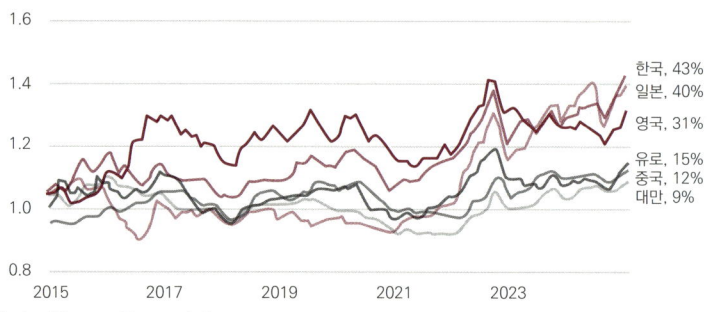

주요국 대미환율(1987~2021년 평균 = 1)

자료: Federal Reserve Economic Data
주: 중국 위안화의 경우 실질적으로 고정환율제도가 폐지된 2010년에서 2021년 평균=1

　이와 더불어, 이 글에서 조금 더 주목하는 **두 번째 이유는 어떤 구조적인 이유에서 원화 대미환율이 장기평균을 이탈한 것으로 보인다는 점이다.** 2015년 이후 환율이 장기 평균을 이탈한 주요국은 영국·한국·일본인데, 영국은 브랙시트가 결정된 2016년을 기점으로 환율 수준이 장기평균 대비 20~30% 정도 상승한 수준을 유지하고 있다. 그리고 한국과 일본의 환율은 2021년 초를 저점으로 상승하기 시작하여, 미국 금리 인상 사이클이 본격화된 2022년에 장기 평균 대비 20% 선을 넘었으며, 이후에는 완전히 이탈한 모습을 보이고 있다. 일본과 한국 환율의 장기 평균 이탈은 미국과의 통화정책 격차, 중국 경제와의 연계/경쟁 관계, 트럼프 경제정책의 영향에 대한 전망 등이 복합적으로 작용한 것으로 보인다. 특히, 첨단기술 분야에서 미국의 압도적인 기술 선도력이 지속되면서, 한국과 미국, 그리고 여타 선진국과 미국의 경기 동조화 현상이 약화된 가운데, 무역장벽으로 이러한 경향이 고착화될 가능성이 높다. 이는 한국과 일본의 환율 Level이 이번 사이클에서 영구적으로 변화할 수도 있다는 의미이다.

마지막 이유는 앞에서 살펴본 것과 같이, 'Post-플라자 환율 질서'가 붕괴 조짐을 보이고 있다는 점이다. 트럼프 2기 동안 글로벌 금융시장의 불안정성과 환율 변동성은 높아지고, 위기관리 능력은 약화될 것이다. 에너지를 수입해야 하고, 대외의존도가 높으며, 경기순행적인 성격을 가진 우리나라 경제구조를 고려할 때, 이러한 불안정성은 환율 수준과 변동성을 높이는 요소가 될 것이다.

'Post-플라자 환율 질서'가 유지되는 동안 선진국 간 환율은 눈에 띄게 안정되었고, 이를 바탕으로 글로벌 금융시장은 번영을 누렸다. 그리고 이러한 안정은 우리 경제가 번영하는 기틀이 되었다는 점을 부인할 수 없다. 하지만, 1980년대 이후 글로벌 차원에서 번영했던 자유주의 시장경제체제는 점차 소멸해 가고 있다. 'Post-플라자 환율 질서'도 그 중 하나이다.

이러한 변화에서 어차피 우리가 결정할 수 있는 것은 없다. 받아들이고 준비해야 한다. 기업과 금융기관 모두 외환시장의 변동성에 대한 대비를 강화할 것이다. 또한, 고환율의 이점이 과거 대비 약해졌다고는 하지만, 전혀 사라진 것은 아니다. 산업부문의 구조개편과 성장 산업의 육성, 국내외 기업의 투자활동 활성 등이 필요한 시점에서 이를 최대한 활용할 수 있는 지혜가 필요하다. 마지막으로 글로벌 금융시장의 불안정성이 높아질수록 거시경제 안정성과 신뢰를 유지하는 것이 중요하다. 외환보유고는 충격을 일시적으로 완화하여 회복 시간을 버는 수단에 불과하며, 신뢰를 잃으면 아무리 많은 외환보유고도 위기를 막을 수 없기 때문이다.

5.
중국 부동산산업의 국영화와 유럽 금융의 역할

중국 부동산산업의 국영화와
유럽 금융의 역할*

김명수

1. 중국 경제의 기업구조

중국 경제는 그 규모가 큰 만큼 산업연관이 복잡하고 각종 통계도 불투명하여 무엇이 진면목인지 가늠하기 어렵다. 선전·상하이 지역의 첨단산업은 우리에게 경외감을 주지만 서부 내륙 지방으로 들어가면 그 후진성에 놀라게 된다.

그러나 분명한 사실은 중국은 제조업을 통해 지금의 성취를 이루었으며 제조업은 수많은 기업들로 이루어져 있다는 점이다. 과거 중국 제조업은 국영기업, 향진기업 등 순수 국내 기업뿐이었으나 개혁개방을 통해 수많은 외국과의 합자기업을 유치해 왔고 이들이 수출을 이끌어 왔다. 2020년대인 지금에 와서 세계시장에 모습을 드러내고 중국 경제를 이끌어 갈 주체는 이제 자국 브랜드의 대기업들로 바뀌었다.

---

* 본 에세이는 2024년 5월 20일 발표된 것이다.

중국의 대기업에는 국영기업과 민영기업이 혼재해 있다. 철강, 석유화학, 자동차, 통신, 자원개발 등 국가 기간산업은 거의 모두 국영기업들로 이루어져 있다. 테크기업으로 출발했으나 이제는 사회인프라로 승격된 알리바바, 텐센트, 징둥 등 이른바 플랫폼기업들은 한때 뉴욕증권거래소에서 수천억 달러의 시장가치를 호가하는 민영기업들이었으나 베이징 정부의 규제조치 이후 사실상 국가 관리 체제로 복속되었다.

한편 세계시장에 모습을 드러낸 기업들은 대부분 민영기업들이다. 전기차의 BYD와 Nio, 배터리 세계 1위 업체 CATL, 전기전자의 화웨이, TCL, Hisense, 휴대폰의 오포/비보, 샤오미, 파운드리의 SMIC, 다수의 태양광 및 풍력터빈 기업들은 최소한 외관상 민영기업의 모습을 갖추고 있다. 세계시장에서 국제경쟁을 해야 하는 이들 기업들은 저렴하고도 혁신적인 제품을 내놓아 타국 정부와 경쟁자들에게 두려움을 주고 있다. 민영기업들이지만 모두 '중국제조 2025(Made in China 2025)' 프로젝트와 관련된 기업들로서 보조금 수혜자들이다.

또 그 옆에 중국 경제의 30%를 차지한다는 부동산기업들이 있다. 부동산기업들은 형다, 비구이위안 등 민영 기업과 지방정부가 소유한 공영 기업들로 나뉜다. 부동산산업은 2010년대 중국 고정자산투자의 90%, 경제성장의 50%를 담당해 왔다. 2010년대 두 자릿수를 상회하는 중국 경제의 고성장은 사실상 부동산산업으로 말미암은 것이라 해도 과언이 아니다. 부동산기업들은 중국 중산층들의 주택소유 욕구에 편승하고 지방정부가 소유한 지방은행들과 홍콩의 LGFV(Local Government Financial Vehicle, 지방정부의 자금조달을 위한 특수목적법인)의 자금지원을 받으며 승승장구하다 2021년 헝다 사태가 터지며 제동이 걸렸다.

2. 중국 경제 정상화를 위해 필요한 것

중국 경제의 30%, 경제성장의 50%를 차지하는 부동산산업이 멈춰서니 성장률이 두 자릿수의 절반인 5%로 추락하는 것은 당연지사다. 다수의 경제분석가들은 중국 경제는 이제 내수가 이끄는 시장으로 변모했고 지금의 위기 해결을 위해 내수 진작이 필요하다고 주장한다. 중국 정부도 내수 진작을 위해 구형 TV, 냉장고를 신형으로 교체 구매하면 보조금을 지급하겠다고 한다(Refurbishing program).

그러나 1인당 소득 13,000불 사회에서 내수란 과연 무엇인가? 소비자들은 소득을 필수 소비재라 할 수 있는 의식주, 교통, 통신, 교육, 레저에 지출한 후 그 나머지를 공산품에 지출할 수 있다. 소득 30,000불 이상의 선진국 소비자들 대비 소득 13,000불의 중국 소비자들이 사용할 수 있는 공산품 지출 여력은 현저히 낮을 수밖에 없다.

한때 중국의 소비는 국민총생산의 60%를 차지하였으나 지금은 40%대로 급전직하하였다. 혹자는 중국인들이 미래 경제의 불확실성을 염려하여 소비를 줄이고 저축을 늘리고 있기 때문이라고 분석한다. 과연 5년 전의 중국인들과 지금의 중국인들은 다른 민족인가?

5년 만에 20%에 달하는 소비 감소의 비밀은 부동산산업의 부진에 있다. 소득 수준이 낮은 경제일수록 공산품 수요는 주택경기에 의존한다. 주택은 그 자체로 시멘트, 철근, 알루미늄, 유리, 목재, 파이프, 전선 등으로 이루어진 거대한 공산품의 집합체다. 또한 신축 주택 매입은 각종 가구, 가전제품, 주방 및 욕실용 소품 등의 수요로 이어진다. 아울러 새롭게 속한 커뮤니티 내에서의 사회적 체면을 유지하기 위한 자동차, 고급 액세서리 등 소위 사치재에 대한 수요도 시차를 두고 증가한다.

부동산산업이 멈춰 서니 주택 공사가 지연되고 건설자재 수요가 줄어드니 철강, 시멘트, 유리 등 건설 자재 업체들의 실적이 악화된다. 신축 주택 입주가 지연되니 가전제품, 가구, 가정용 소품 수요도 줄어들고 연이어 자동차, 사치품 판매도 줄어든다. 내수 소비가 줄었다는 것은 소비자들의 필수 소비가 줄었다기보다 이들 공산품 수요가 급전직하하였다는 뜻이다. 중국 정부는 경제 정상화를 위해 부동산산업을 다시 진작시키지 않을 수 없다.

3. 부동산산업 정상화를 위해 필요한 것

지방정부들은 1994년 장쩌민 정부의 지방재정 개혁 이후 부족한 세수를 보충하기 위해 토지 매각에 혈안이 되어 왔다. 부동산 기업들은 지방정부 산하의 지방은행 대출과 홍콩의 LGFV를 통한 채권(Bond) 발행에 힘입어 토지를 매입하고 사업을 확장해 왔다.

헝다는 부동산 사업을 넘어 전기차 등 비관련 다각화를 추구하다 부도가 났고 성실히 건설업만 영위했던 비구이위안은 대규모 분양사업에서 미분양이 증가하자 결국 디폴트를 냈다. 자금난에 봉착한 수많은 중국의 부동산 사업자들도 이들과 비슷한 위치에 있을 것이다.

부동산 기업들의 자금줄은 앞서 언급했듯이 지방은행과 홍콩의 LGFV이다. 공상·농업·교통·건설 등 4대 국영은행은 이들 부동산기업들에 대출하지 않는다. 사업이 부실해지면 지방은행들도 부실해지고 연쇄부도 위험에 노출된다.

유럽은행들이 주요 전주(錢主)인 홍콩의 LGFV도 더 이상 부동산기업들에 자금지원을 할 수 없다. 담보가치는 30% 이상 하락하였고 미분양과 미입주가 널린 상황에서 기존 채권의 회수도 불가능하니 신규 대출은 상상하기 어렵다. LGFV에 돈을 댄 유럽은행들은 영국계 은행들과 독일, 스위스계 은행들도 있지만 아무래도 프랑스계 은행들이 주력임은 업계의 공공연한 비밀이다.

그렇다면 온 국민의 재산권이 달려 있는 부동산 문제를 시장 자율조정기능에만 맡겨 둘 것인가? 그것은 부동산기업들의 연쇄 부도를 의미하고 수많은 중국인들이 완공된 아파트를 받지 못하고 전 재산을 날리게 된다는 뜻이다. 이는 곧 정치불안으로 이어진다. 분양권을 구매한 시민들에게 아파트 완공 약속은 어떠한 일이 있어도 이행되어야 한다. 이것은 경제적 문제를 넘어 정치적 문제이다. 해결책은 무엇인가?

4. 부동산산업의 국영화와 유럽 금융의 역할

부실화된 부동산기업들이 공사를 재개하기 위해서는 자본구조가 재조정되고 신규 대출을 받아야 한다. 기존 민간 주주들의 주권은 전액 소멸되고 지방은행의 기존 대출은 출자전환 되어 민영 부동산기업들은 지방은행 소유로 바뀔 것이다.

그런데 지방은행은 스스로도 부실화되었기에 이들 부동산기업에 추가 자금지원을 할 수는 없다. 지방은행들이 기댈 곳은 국영은행이다. 부실한 지방은행은 국영은행에 합병되거나 자(子) 은행이 될 것이다. 이제 국영은행이 지방은행을 지배하고 지방은행이 민영 부동산기업을 자회사화(공영 부동산기업화)하는 프로세스가 진행된다. 부동산산업은 긴 시간에 걸쳐 국영화의 과정을 거칠 것이다.

그러나 문제가 있다. 수조 달러에 이른다는 LGFV의 채무는 어떻게 되는가? 여기에는 지방정부가 사실상의 보증을 섰다. LGFV 채무 상환을 위해 이미 부실화되었다고 소문난 지방정부가 지방채를 발행한다면 이를 누가 인수할 것인가? 이참에 해외채무 따위는 아예 눈감고 법적 절차에 들어가 전액 장부에서 상각해 버리는 게 낫지 않을까?

지방정부의 보증채무를 무시하고 상각해 버린다는 것은 중국이 유럽과 결별한다는 것을 의미한다. 장기채권과 부동산금융 등 Fixed income 자산 비중이 높은 유럽 금융산업은 2022년부터 시작된 고금리 여파로 어려움을 겪고 있다. 만일 LGFV에 투입한 자금이 부도난다면 유럽의 은행과 연기금들은 대규모 손실에 시달릴 수밖에 없다. 아마도 그 수준은 금융기관의 구조조정을 넘어 유럽 금융 시스템을 흔들지도 모른다. 이는 중국과 유럽 국가 간 외교문제로 비화될 정도의 수준일 것이다.

이제 중앙정부가 나설 수밖에 없는데 중앙정부도 일대일로 사업, 중국제조 2025, 미국과의 군비 경쟁 등으로 분주하다. 이들 사업에 동원된 국영은행들도 어렵기는 마찬가지다. 문제 해결을 위해 중앙은행이 화폐를 찍어 낸다면 통화증발로 인플레에 불을 붙이는 격이 될 것이다. 국채를 발행하는 수밖에 없는데 미국이 견제하는 상황에서 과연 누가 중국이 발행한 국채를 인수할 것인가?

여기서 유럽의 역할이 떠오른다. 어차피 자국 금융기관들이 홍콩의 LGFV를 통해 중국 지방정부에 빌려준 거액의 채권은 상환받기 어렵게 되었다. 중국 중앙정부가 국채를 발행하고 이 자금을 지방정부에 지급한다면 유럽 금융기관은 LGFV에 묶인 자금을 일단 회수할 수 있다. 대신 유럽 금융기관들이 중국 국채를 인수해 주어야 하지만 도매금으로 디폴트가 나는 것보다는 훨씬 낫다. 게다가 2011년 그리스 국채를 인수한 프랑스 은행들에게 ECB가 별도 기구를 통해 3년 후 무제한 환매해 줄 것을 약속했던 것처럼 중국 정부가 몇 년 후 장기 채권을 환매해 주는 것을 약속해 준다면 금상첨화다.

5. 중-프 밀착의 의미

중국과 프랑스는 산업적 연관관계가 약하다. 거래관계라고는 중국의 중산층들이 프랑스의 와인과 화장품, 액세서리류 등 사치품을 사 주고, 낭만적인 프랑스에서 여행을 즐기는 것이 거의 전부다. 무역관계로 보면 중국이 Buyer의 위치이고 프랑스는 Seller이다. 시진핑 주석이 마크롱 대통령에게 부탁할 일은 산업적으로 거의 없다.

금융산업으로 들어가면 상황이 역전되어 프랑스 금융기관들은 항상 중국 기업들의 자금 공급자이다. 시진핑 주석은 2024년 5월 초, 5년 만에 재개하는 유럽 첫 방문지로 프랑스를 선택했다. 그는 프랑스에 무엇을 얘기하러 간 것인가?

시진핑 주석이 프랑스 방문을 마치고 귀국한 직후인 5월 13일, 중국 재정부가 1조 위안(약 1,400억 달러) 규모의 국채발행 계획을 발표한 것은 의미심장하다. 미국 10년물 국채 기준금리가 5.25~5.5%인데 중국 정부가 30년물(일부 50년물도 있다고 한다)을 2.5~2.6% 금리로 발행한다고 한다. 정상적인 상황에서 흥행이 될 수 없지만 중-프 양국 간에 합의가 있다면 가능한 일이다. 프랑스는 이미 그리스 채권 문제를 비슷한 방식을 통해 해결한 바가 있다.

지방정부 부채를 제외한 것이라지만 GDP 대비 정부부채비율이 20% 수준이라는 중국 중앙정부의 재정은 아직 건전하다. 만일 국채를 발행하여(즉 외자를 도입하여) 지방정부의 부채와 LGFV 보증채무를 상환한다면 유럽 금융기관들은 거액의 손실 우려에서 벗어날 수 있다. 지방정부는 디폴트 위험에서 벗어나고 그 채무는 중앙정부 채무로 이전되고 유럽 금융기관은 중국의 건전한 국채를 보유하게 된다.

부동산기업들은 건설공사를 재개하고 국민들은 새 아파트를 받게 된다. 부동산 위기를 돌파한 정권에 대한 지지는 높아 가고 활발해진 부동산산업은 경제성장률을 다시 떠받친다. 경제성장률이 올라가면 GDP 증가로 정부 부채비율도 낮아진다. 국채는 상환되지는 않겠지만 이자지급이 원활히 이루어지고 풍부해진 채권 물량 덕에 유통시장에서 매각도 가능해진다면 불만은 없다. 미국 국채시장에 이어 또 하나의 거대한 중국 국채시장이 열리니 유럽 금융기관들에게도 좋은 일이다. 모두가 행복해진다.

6. 중국 경제 국영화의 완성

이 과정을 통해 중국 경제의 국영화가 완성된다. 거대한 부동산산업을 한꺼번에 구조조정 한다는 것은 위험천만한 일이다. 그러나 유럽 금융자본의 협조하에 멈춰 선 부동산산업을 서서히 구조조정 해 나간다면 그것은 가능한 일이다.

베이징 정부는 이를 통해 지방의 힘을 약화시킬 수 있다. 등소평의 지도하에 시작되었던 지방으로의 권한 분산 시대를 마감하고 지방정부는 재정적으로 중앙정부에 예속되는 길을 걷게 된다. 지방정부의 힘의 원천이었던 지방은행들도 4대 국영은행들의 자은행화하는 길을 걷게 된다.

경제의 30%를 차지한다는 부동산산업은 서서히 중앙정부의 통제권으로 들어올 것이다. 18조 달러에 달하는 거대한 중국 경제 속에 베이징 정부의 통제에서 벗어나는 기업은 거의 사라진다. 플랫폼기업과 테크기업, 부동산기업, 지방은행 등은 모두 국영화되고 마지막으로 남동해안가의 전기전자, 반도체, 전기차 등 민영 제조기업들만 남는다. 이들은 지역적으로 선전과 상하이에 집중되어 있고 중국 경제의 혁신과 창의를 담당하여야 하므로 민영으로 두는 것이 좋다. 사실 이들도 엄혹한 국제경쟁 돌파를 위해 정부 보조금의 손길에서 벗어날 수 없다.

이로써 개혁개방의 기치하에 중국에서 40여 년간 진행된 자본주의로의 여행은 막을 내리고 이른바 국진민퇴(國進民退), 좀 더 노골적으로 말해 '생산수단의 국유화'가 사실상 완성된다. 구소련보다 훨씬 고도화된 생산력을 확보한 단계에서 경제의 중앙집권화가 실현되는 것이다.

과연 이 프로세스는 무사히 진행될 수 있을까? 유럽 각국은 중국과의 디리스킹을 외치면서 이 과정에 협조할 것인가? 미국은 중국과 유럽의 금융 유착관계를 용인할 것인가? 중국 중앙정부의 국채발행 사업이 국제금융시장과 중국 경제에 어떤 영향을 줄지 숨죽이고 지켜볼 일이다.

6.
대중국 금융 봉쇄의 파장

대중국
금융 봉쇄의 파장*

김명수

1. 미·중의 금융 커플링

 2023년 3월 미국 백악관은 월가에 사절단을 보내는 것을 고려하고 있었다. 미국 금융기관들에게 중국에 대한 투자를 하지 말도록 권유하고 이를 위해 앞으로 어떤 조치들이 필요한지 알아보기 위해서였다.

 사절단 파견을 위한 사전 조사 과정에서 백악관은 미국 금융기관들의 중국 투자가 거의 사라졌음을 알게 되었다. 지정학적 위험 속에 월가는 중국 주식과 채권을 대부분 내다 팔았고 현지법인들도 대부분 철수시킨 것이다. 백악관의 월가 특사 파견은 취소되었다.

 우리나라도 경제개발 시절 외국 차관에 목말라 했던 경험에서 보듯 경제성장을 위해서는 항상 해외자금이 필요하다. 1990년대 이후 중국의 기록적인 경제성장을 견인한 자금줄은 단연 월가이고 1등공신은 뉴

---

* 본 에세이는 2024년 9월 19일 발표된 것이다.

욕 증시이다. 뉴욕 증시는 14억의 인구로 폭발적 성장이 예상되던 중국 국영 통신사부터 불러들였다. 1997년에 차이나 모바일, 1999년에 차이나 유니콤을 상장시켰고 2000년에는 중국생명보험(中國人壽), 페트로차이나가 뒤를 이었다.

에너지, 석유화학, 비철금속, 금융 등 거대 국영기업이 속속 뉴욕으로 몰려들었다. 월가는 중국 기업이라면 소유주가 인민해방군이든, 중앙·지방정부든, 태자당이든 누구든 개의치 않았다. 수익모델이 확보되어 있고 독과점이기만 하면 대환영이었다. J. P. 모건, 메릴린치, 골드만삭스 같은 전통의 큰손들은 이들을 대리하며 미국인들의 투자자금을 끌어들였다.

새로운 플레이어들도 등장했다. 바로 연기금의 돈을 받아 운용하는 PEF(Private Equity firms)들이었다. 블랙스톤, KKR, 칼라일 같은 PEF들은 소프트뱅크의 알리바바 투자 성공을 바라보며 미국의 빅테크 기업들을 모방한 텐센트, 바이두, 징둥 같은 중국의 신흥기업들에게 투자했다. 이들은 2008년 금융위기 극복과정에서 FED가 펼친 저금리 정책에 지친 연기금들에게 보다 높은 수익률로 보답했다. 중국 기업들은 황금알을 낳는 거위였고 중국 대륙은 새롭게 펼쳐진 엘도라도였다.

PEF들이 소개한 중국 기업들은 연기금 투자에도 제격이었다. 부도 염려가 없고, 투자 규모도 상당하고, 독과점이나 마찬가지니 미래도 장밋빛이다. 이들 기업들은 PEF의 돈을 받아 폭발적으로 성장했고 여기에 돈을 댄 연기금들은 엄청난 수익을 누렸다. 중국판 빅테크 기업들의 대성공을 보며 수많은 중국 기업들이 새로운 사업모델을 들고 뉴욕 증시를 노크했다. 더 많은 PEF들이 생겨났고 이들은 월가를 주무르는 새로운 축으로 등극했다.

태평양을 두고 양 대륙에는 신흥 부호들이 쏟아져 나왔다. 2008년 서브프라임 위기와 2011년 유럽 금융위기의 상흔은 종적을 찾을 수 없고, 미국의 금융파워는 더욱 강해져 세계 금융시장의 70%를 주무르는 초월적 경지에 이르렀다.

2. 금융 봉쇄의 서막

트럼프가 등장해 미·중 패권경쟁을 선언했을 때 미국 금융시장이 중국과 결별한다는 것은 상상하기 어려웠다. 독일·일본이 중국과 산업적으로 결탁했다고 비난받지만 미국이 중국의 돈줄이고 중국이 미국의 투자처인 것은 금융계의 상식이었다. 월가는 트럼프의 반중 노선에 당혹하고 두려워했다. 중국 기업에 투자한 이 많은 돈을 어떡하란 것인가?

트럼프는 임기 막바지인 2020년 11월, 행정명령으로 중국 국영 통신, 에너지, 기술 관련 31개 기업에 대해 뉴욕 증시 퇴출을 명령했다. 이들 기업들이 중국 인민해방군에 의해 통제되고 있다는 이유였다.

중국 기업들도 놀랐지만 월가는 경악했다. 자산운용사의 포트폴리오는 하룻밤 새 엉망이 되어 버렸고 기관투자가들은 엄청난 익스포저를

어쩌지 못해 허둥댔다. 트럼프는 임기 종료 직전인 2021년 1월 7~11일에 걸쳐 중국 3대 통신기업(차이나 모바일, 차이나 유니콤, 차이나 텔레콤)을 퇴출시킴으로써 11월의 행정명령이 허언이 아님을 증명했다.

곧이어 3월 26일 아키고스 사태가 터졌다. 골드만삭스 창구에서 '바이두'와 '텐센트', 중국 최대 직구 쇼핑몰 'VIP숍', 중국 온라인 교육업체 '아이치이'와 'GSX테처두', 미국 미디어업체 '비아콤CBS'와 '디스커버리' 물량이 쏟아져 나오며 주식시장이 폭락한 것이다. 주가 폭락의 원인은 주식 차익거래약정(Contract for Difference, CFD) 상품의 마진콜이었고, 그 진원지는 아키고스 캐피탈매니지먼트였다.

아키고스를 운영한 빌 황은 과거 타이거아시아펀드에서 명성을 쌓은 중국 주식 전문가였다. 그는 일명 패밀리오피스, 쉽게 말해 거부들의 투자자금들을 받아 중국 빅테크 기업들의 CFD 상품에 대규모로 투자하였다.

원래 CFD는 대세 상승장에서 저평가된 가치주에 부채를 일으켜 투자하는 방식의 상품이다. 중국 주식 전문가이던 빌 황은 중국 빅테크 기업들의 주가 상승을 과신한 나머지 위험천만한 투자에 뛰어들었지만, 트럼프의 갑작스런 중국 주식 퇴출 명령에 모든 것이 무너져 내린 것이다.

아키고스의 CFD 투자에 월가 전체적으로 100억 달러 정도를 빌려준 것으로 알려졌다. 노무라가 그중 20억 달러를 공시하였고, 크레딧

스위스는 50억 달러 정도로 추정되었다. 월가 은행 중에 유독 일본과 스위스 자본이 문제가 된 점은 의미심장하다.

크레딧스위스는 서브프라임 위기 이후 10여 년간 수장을 몇 번씩 바꾸어 가며 구조조정 노력을 기울여 왔지만 아키고스로부터의 마지막 일격을 견디지 못하고 168년의 역사를 2023년 마감하였다. 아키고스 사태는 미·중 금융 디커플링의 서막을 알린 사건이었다.

3. 금융 봉쇄의 완료

월가는 바이든 행정부에서 좀 더 세련된 대중국 금융정책이 나올 것을 기대했지만 현실은 전혀 그렇지 않았다. 집권 1년여의 시간이 지난 후인 2022년, 드디어 바이든 행정부의 정책 결정이 내려졌다. 중국 3대 석유회사인 Petro China, Sinopec, CNOOC, 그리고 중국생명보험, 중국알루미늄 등이 퇴출된 것이다.

이후 이야기는 우리가 모두 알고 있는 바다. 중국 기업들은 홍콩과 상해 증시로 옮겨 가거나 뉴욕 증시 퇴출을 피하려면 미국 SEC의 검사를 받게 되었다. 새로운 중국 기업의 뉴욕 상장은 훨씬 까다로워졌고 중국 당국은 자국 기업들에게 홍콩이나 상하이 상장을 권유하였다. 바이두, 텐센트 등은 홍콩으로 시장을 옮겼고, 뉴욕 상장을 준비하던 디디추싱은 정부 방침을 따라 2021년 뉴욕 상장을 철회하고 홍콩 시장을 택했다. 게임, 온라인 교육 기업에 대한 규제가 남발되었고, 마윈이 이끌던 앤트 그룹 같은 핀테크 기업의 상장도 중지되었다.

미국 PEF들의 중국 투자도 멈추었다. 바이든 집권 초인 2021년에만 30건의 거래를 성사시키며 활발히 투자했던 PEF들은 더욱 노골화되어 가는 지정학적 리스크와 중국 정책당국의 규제 리스크에 놀라 투자를 현격히 축소하였다. Fed의 금리 인상도 한몫하였다. 연기금에서 PEF로의 자금수혈 속도가 현격히 떨어진 것이다.

2024년 들어 상위 10개 PEF 중 7개는 거래가 아예 없고 나머지 3개사의 총거래 건수도 5건에 불과하다. 그것도 대부분 소액물건들이다.[1] 1997년부터 시작된 중국판 골드러시는 28년 만인 2024년 거의 종료되었다.

미국 월가의 양대 축인 투자은행들과 PEF들의 포트폴리오 투자와 바이아웃 투자가 트럼프·바이든 집권기 8년을 거치며 거의 '제로'로 수렴하였다. 2022년 3월부터 시작된 FED의 금리 인상으로 유럽이 주도하던 중국 LGFV로의 부동산 담보 대출사업도 멈추었다. 불가능할 것 같았던 서구사회와 중국의 금융 디커플링이 완료 단계에 들어간 것이다.

4. 금융 봉쇄가 몰고 올 파장

명령과 통제를 특징으로 하는 전제정(autocracy)과 달리 시장경제 체제는 시장 참여자들을 인센티브로 회유하고 설득할 수밖에 없다. 30년간 지속된 차이메리카(Chimerica, China+America의 합성어) 시

---

1) 『Financial Times』, 2024년 8월 26일자, 1면 참조.

대를 마감하고 대중국 봉쇄전략을 구사하기 위해 미국은 중국 경제와 결별하여야 하는데, 그 내용은 산업과 기술과 금융의 봉쇄다.

산업과 기술 봉쇄는 투표권이 없는 기업들을 대상으로 하니 다소 수월하다. IRA, Chips and Science Act, 관세인상 등이 그 예다. 그러나 금융 봉쇄는 투자자 개개인의 자산을 공격하는 꼴이 되니 자못 자해적이다. 정부의 성급한 금융통제로 투자자들의 자산이 포말처럼 사라지면 유권자들은 투표로 정권 심판에 나설 것이다. 투자자들은 유권자이기 때문이다.

필자는 2023년 2월 발표한 칼럼 「신 냉전의 새 해법」에서 Fed의 금리 인상이 과다한 부채로 신음하는 중국 경제를 직격할 것이라고 지적한 바 있다. 여기에 덧붙여 지난 8년간 내려진 행정명령과 그 후속조치로 미국의 금융산업은 중국으로부터 거의 분리되었다.

우려했던 것과 달리 주식시장 폭락이나 금융공황 사태는 없었다. 금융기관의 피해는 크레딧스위스와 미국의 3개 지방은행 정도였다. 이제 법과 제도를 정비해 중국에 대한 금융 봉쇄를 마무리하면 된다.

Fed가 2024년 9월 18일 2년 6개월에 걸친 고금리 행진을 마감한 것은 인플레이션 완화로 인한 것이겠지만, 지난 8년간 진행된 대중국 금융 봉쇄 작업과 시점을 같이한다. 취약한 미국·유럽의 정부 재정과 동맹국 경제에 부담을 주는 고금리를 인하할 수 있는 여건이 정비되었다. 국제 금융 시장은 더 이상 중국을 향하지 않을 것이다.

그러나 중국 입장에서는 어떠한가? 중국은 국가 생존과 경제발전을 위해 식량, 원유, 원자재, 자본재를 끊임없이 수입해야 하고 이를 위해 안정적 외화공급이 필요하다. 일국의 외화 공급은 자본시장과 실물시장, 즉, 주식과 채권 판매, 금융기관 대출, 외국인 직접투자, 그리고 순수출(수출-수입)로 이루어진다. 외국인 직접투자는 수년 전부터 수직낙하 하였고 미국과 유럽의 자본시장도 이용할 수 없다면 중국은 성장에 필요한 자금을 어디에서 가져올 것인가?

이제 중국이 기댈 곳은 수출밖에 없다. 최근 철강, 석유화학 업계에 몰아치고 있는 공급과잉이 그 전조다. 이들 중간재는 국제 무역 시장에서 오직 가격으로 승부한다. 미국이 철강·알루미늄 제품의 수입을 막기 위해 이들에 고율관세를 매긴 이유이다.

외화가 필요한 중국 정부는 중간재를 생산하는 기업들에 거액의 보조금을 지급하고서라도 국제시장에 제품들을 밀어낼 것이다. 철강, 비철금속, 석유화학, 섬유, 유리, 건자재, 기계 및 전자부품 등 품목을 가리지 않을 것이다. 국영이든, 민영이든, 손실 규모가 얼마이든 상관없이 가동률을 높게 유지할 것이다. 기업 손실보다 더 무서운 것은 실업으로 인한 사회불안이기 때문이다.

중간재 시장에 중국 제품이 홍수처럼 밀려 나온다면 전 세계가 공급과잉으로 시름하며 보호주의로 몸살을 앓겠지만 한국은 그 태풍의 영향권으로 들어갈 것이다. 미국과 유럽은 보호장벽을 쌓을 수 있지만 우리는 그럴 수 없기 때문이다. 어쩌면 PF 문제보다 훨씬 심각한 문제가 될지 모른다. 최근 중국의 과잉생산과 국제 무역시장 공습을 예사롭지 않게 보아야 하는 이유이다.

7.
심상치 않은 중국의 공급과잉

심상치 않은
중국의 공급과잉*

최우석

1. 들어가며

 칠레 유일의 철강공장인 'CAP'사의 '후아치파토' 공장은 2024년 8월 가동을 중단했다. 태평양 건너 남미국가에서 저가 중국철강재의 수입급증을 이기지 못하고 영업을 중단한 것이다. 독일의 태양광패널 기업인 '마이어버거'사는 2024년 들어 프라이베르크에 있는 공장을 폐쇄했으며, 미국 콜로라도에 2GW규모의 셀공장 설립을 추진했으나 최근 그 계획을 연기했다. 중국 기업의 태양광패널이 유럽뿐 아니라 미국 시장의 가격까지 급락시킨 것이다. 한국의 석유화학기업 중 다수가 2024년 상반기에 영업적자를 기록했다. 중국의 대규모 공장증설로 중국수출이 급감하며 수급여건이 악화되었기 때문이다.

 철강재, 디스플레이패널, 태양광패널 등 범용재에 있어 중국발 공급과잉 이슈는 새로운 것은 아니다. 다만, 지금까지의 공급과잉은 중국의

---

* 본 에세이는 2024년 8월 22일 발표된 것이다.

수출 및 내수 수요가 빠르게 성장하는 과정에서 나타난 것이었고 증설에 따른 초과공급은 수요성장으로 비교적 단기간 내에 해소되는 모습을 보여 왔다. 수급의 악화와 개선이 각 산업별로 시기를 달리하며 주기적으로 반복되어 왔다.

그러나 이번 중국의 공급과잉은 과거와 양상이 다르다. 첫째, 공급과잉이 철강, 태양광, 2차전지, 석유화학 등 대부분의 산업에서 동시다발적으로 나타나고 있다. 둘째, 중국 산업전반의 수요성장성이 과거와 달라졌다. 중국은 부동산경기 침체로 내수성장이 크게 약화되었으며, 미국 등과의 무역갈등으로 수출증가세 유지도 쉽지 않다. 셋째, 장기간의 호황과 세계화 추세에 기댄 무리한 투자확대로 주요 산업 공급과잉의 규모가 예상되는 수요증분보다 훨씬 크다. 넷째, 2차전지, 태양광 등의 미래산업에 있어서는 미·중 패권경쟁에 따른 공급망 재편으로 시장이 분리되고 있어 중국의 수출시장이 축소되고 있다.

이번의 공급과잉도 시간이 지나면서 점차 해소될 것이라고 기대하는 시각도 있다. 그러나, 여러 점에서 이번 중국의 공급과잉은 심상치 않다.

2. 철강산업

중국 최대 철강사인 '바오우강철 그룹'의 왕밍 회장은 2024년 8월 중국 철강산업의 현 위기는 예상했던 것보다 더 길고 어려울 것이라고 밝혔다. 바오우강철 그룹의 경영진은 현재 중국 철강산업의 어려움은 2008년 및 2015년 침체 시보다 훨씬 더 심각하다고 말하고 있다. 바오우강철 그룹은 중국 내 공급과잉이 심했던 2016년에 바오산강철과 우한강철을 합병한 그룹이다.

중국이 철강제품 순수출국으로 처음 전환한 시기는 2006년이다. 한국은 2004년까지 대중국 수출이 더 많았으나, 중국의 대대적 설비증설로 2005년부터는 중국으로부터의 수입량이 더 많아지기 시작했다. 대중국 수출감소와 수입증가가 동시에 나타나며 2006년 국내 철강기업의 수익성은 과거 대비 큰 폭으로 하락했다. 이후 중국의 공급과잉이 확대되면 국내 철강기업 실적은 악화되고, 중국의 공급과잉이 축소되면 국내 철강기업 실적이 개선되는 것은 국내 철강산업의 공식이 되었다.

2008년 금융위기 전후의 일시적 등락을 제외하면 중국의 지속적 설비증설에 따라 국내 철강기업의 수익성은 2015년까지 추세적인 저하를 보였다. 공급과잉 심화에 따라 중국 정부가 철강생산능력 구조조정을 실행하자 2016년 이후에는 수급이 조정되었고, 이에 국내 철강사의 수익성은 회복되는 모습을 보였다. 그러나 2018년 이후 중국 정부가 생산량 축소에서 상위기업 시장집중으로 정책을 선회하자 조강생산이 증가하였으며, 이에 다시 수급여건 악화와 수익성이 저하가 나타났다.

2020년 중국 정부가 저탄소정책을 본격화하자 2021년에 조강생산은 축소되었고, 이에 국내 철강사들의 사업여건이 개선되었다. 중국 정부의 저탄소 및 산업고도화 정책 등을 감안할 때 중국 철강재 수출이 다시 본격화되지는 않을 것만 같았다.

그러나 중국 신규건설 착공이 2022년 이후 3년 연속 20% 이상 감소할 것으로 예상되는 등 부동산경기 침체가 본격화되고 있다. 이에 철강수요가 전년 대비 10% 이상 크게 감소하자 공급과잉 물량의 수출이 본격화되었다. 2024년에 나타나고 있는 중국 철강재수출 규모는 중국이 철강생산능력 구조조정 정책을 실시하기 이전인 2015년의 역대 최대 규모인 1억 톤 수준에 이를 것으로 전망되고 있다.

2000년대 초반 세계에서 중국철강이 차지하는 비중은 15%였으나 2016년 이후에는 50%를 초과하고 있다. 이제 한국 및 세계 철강시장의 수급 및 가격은 중국 수출물량의 규모와 가격에 따라 결정되고 있다. 이번 중국의 수출증가는 그 원인이 중국의 수급악화인 것은 과거와 같지만, 주요 원인이 설비확충이 아니라 수요감소라는 점이 과거와 다르다.

중국 철강재 수입의 급격한 증가로 자국 철강사의 운영이 어려워진 남미, 아시아 등 세계 각국은 관세부과 등 보호조치를 시작했다. 한국 철강기업도 중국 수입물량 증가와 수급악화로 2024년 들어 크게 저하된 실적을 보이고 있으며, 중국 제품에 대한 반덤핑 관세부과 필요성도 제기되고 있다.

중국 건설수요가 다시 살아날 때까지 세계적 공급과잉이 장기화될 수도 있다. 희망이라면, 중국 정부 정책에 따른 생산량 축소 또는 중국 업계 구조조정을 통한 공급과잉 완화이지만 상위 10개 기업 집중도가 50%에 못 미치는 중국 내에서 쉽게 가능할까?

한국 등 전 세계 철강기업들이 언제까지 급증된 중국의 수출물량을 감당해 내야 할지, 그리고 각국 철강기업이 이를 버틸 만한 사업적, 재무적 체력이 얼마나 있을지 의문이다.

3. 디스플레이산업

2024년 8월 LG디스플레이는 보유하고 있던 유일한 TV용 LCD공장이었던 광저우공장 매각 우선협상대상자로 중국 TCL사의 자회사인 '차이나스타'사를 선정했다. 한국 기업이 보유하고 있는 마지막 TV용 LCD패널공장인 광저우공장이 매각되면 한때 국내 제조업 간판산업 중 하나였던 대형 LCD패널 제조사업은 막을 내리게 된다. 이미 삼성디스플레이는 중국 쑤저우 LCD공장을 2020년에 매각했고, 2022년에 LCD패널 사업에서 철수했다.

평판디스플레이패널은 2000년대 초반 이후 LCD TV의 보급확대와 국내 기업의 경쟁력 강화로 2000년대 중후반 한국 주요 수출품목으로 상당 기간 자리를 잡았었다. 그러던 디스플레이패널 시장에 2000년대 후반에 대만 기업이 진입하기 시작했고 이후 중국 기업도 진입하며 경쟁이 심화되었다.

중국 정부는 기술개발 지원과 출자를 통한 생산라인 건설 지원, 저리 융자, 세금감면 등을 통해 자국 디스플레이 산업의 성장을 도모했으며 제12차 5개년 계획(2011~2015)을 통해 LCD TV패널 자급률을 수량기준으로 80%까지 올리겠다는 계획까지 세웠다. 이 과정에서 중앙정부, 지방정부 및 산하 공기업의 대규모 투자와 함께 금융지원, 보조금 지급도 이루어졌다. 중국 TV완성품 제조기업도 중국 내수시장과 수출시장에서 성장하며 중국 디스플레이 산업의 발전을 도왔다.

대만 및 중국 기업의 공격적 설비증설로 LCD패널시장이 공급과잉의 모습을 보이기 시작한 건 2008년부터이며, 이후 LCD패널산업 공급과잉은 만성적인 모습을 보였다. 증설과 수요성장에 따른 공급과잉 수준의 변동에 따라 패널 가격의 변동은 있었으나, 가격은 하락 추세를 이어 갔고 투자비 회수가 쉽지 않은 수준의 수익성이 이어졌다. 이에 일본 및 한국 기업들은 LCD패널 공장 증설에 소극적이었으나, 중국 기업은 정부정책 및 지원 등에 따라 적극적 투자확대를 지속했다. 결국 중국 LCD패널 기업들은 2017년 이후 생산능력에 있어 한국 및 대만 기업을 추월하기 시작했다.

중국 기업의 세계시장 LCD생산점유율은 지속적으로 증가해 왔으며, 최근에는 60%를 넘기고 있다. 또한, 중국 및 대만 LCD기업의 최근 점유율은 90%를 초과하고 있다. 중국 기업은 정부의 정책적 지원, 보조금 등을 통해 경제적 손실에도 불구하고 지속적으로 증설하며 시장의 점유율을 늘렸고 규모를 확대하며 점차적으로 손실의 규모도 줄일 수 있었다.

이제는 BOE, 차이나스타 등 소수 중국 기업이 LCD패널 업계를 평정하기에 이르렀지만, 공격적인 증설의 결과 공급과잉은 여전하다. 여기에 최근 TV용 LCD패널의 수요성장이 약화되고 있고, 특히 IT기기용 LCD패널의 수요성장은 정체되고 있다. 다만, 이제는 중국의 공급과잉에 피해받는 타국의 대형 LCD패널기업은 대만 기업 말고는 없다.

코로나 팬데믹 이후인 2022년부터 수요가 감소하며 패널 가격이 급락하자 세계시장에서 과점화를 완성한 소수의 중국 기업들은 이제는 가동률을 조정하며 과거와 달리 가격을 유지하기 시작했다. 중국 기업들로 과점화된 시장에서 이제는 공급과잉을 축소시키고 단가를 올리며 이익을 향유할 것인지는 지켜볼 일이다.

우려되는 점은 중국 기업들이 LCD시장에서의 지배력을 확보한 이후 수익창출을 본격화하고, 그 자본력으로 이미 진입한 OLED시장에서도 다시 치킨게임을 시작할 수 있다는 점이다.

4. 태양광패널산업

중국 최대 태양광기업 중 하나인 '롱기그린에너지테크놀로지'사는 2024년 상반기에 6.6억 달러 규모의 대규모 손실을 보였다. 한편, 독일의 '솔라와트'사는 2024년 들어 드레스덴에 있는 태양광패널공장의 가동을 중단했으며 최근 중국으로의 생산 이전을 검토하고 있다. 또한, 빌 게이츠가 지원하는 미국의 '큐빅PV'사는 10GW 규모 태양광공장의 설립계획을 2024년 들어 취소했다.

다수의 한국 기업들은 2000년대에 미래산업인 태양광산업의 하드웨어 제조시장이 진입해서 전 세계 시장을 상대로 폴리실리콘, 잉곳,

웨이퍼, 셀, 백시트, 모듈을 생산해서 경쟁력을 갖추고 성장하며 수익을 누리고자 했다. 2010년대 초반 일부 한국 기업은 양호한 실적을 보이기도 했다. 그러나 성장의 과정마다 각 제품별로 중국 기업의 공격적 설비증설이 있었고 가격경쟁이 치열했다. 더욱이, 범용재 제품으로 기술적 차별화가 크지 않아 가격경쟁 시 수익성 확보가 어려웠다. 이에 현재 태양광패널 공급망에서 규모 있게 사업하는 한국 기업은 소수에 불과하다. 소수 남아 있는 한국 기업은 원가절감 및 세제혜택 등을 통해서만 중국제품 대비 경쟁력을 확보할 수 있는 말레이시아, 미국에 공장을 설립하고 있다.

태양광패널은 미국 벨연구소에서 1954년에 개발되었지만 일본 기업의 연구에 따른 상용화와 독일정부 태양광발전 육성정책으로 2000년대 중반에 산업적으로 본격 성장하기 시작했다. 당시 태양광패널 대표기업은 일본 및 독일에 있었으나 이들 기업은 정책지원이 이루어지는 자국 시장을 대상으로 주로 활동했고, 중국 기업들은 처음에는 기술도입을 통한 생산과 수출에만 집중했다. 이후, 2008년 금융위기 및 2012년 유럽 재정위기로 태양광산업에 대한 정책지원이 끊기며 시장이 축소되자 유럽 및 중국 태양광산업의 주력기업들 다수가 파산, 철수하였다.

태양광산업의 침체기에도 중국 정부는 화석연료를 통한 지속적 발전이 쉽지 않음을 깨닫고 정책적으로 태양광 설치를 전격적으로 증가시켰다. 그에 따라 중국은 2010년 이후 세계 태양광시장의 가장 큰 수요국이 되었다. 유럽의 태양광시장 성장 시기 유럽 기술로 생산하기 시작한 중국은 지금은 전 세계 공급량의 80% 이상을 생산하고 있다.

 현재 중국 기업의 세계시장 점유율은 폴리실리콘 80%, 웨이퍼 90%, 셀 80%, 모듈 70% 이상이다. 중국 기업의 시장지배력이 압도적이어서 타국에서 합리적인 경제적 유인을 가지고 태양광생산을 시도조차 하기 어려운 상황에 이르렀다. 국제시장에서 자국 생산가격보다 훨씬 싼 가격에 얼마든 구입할 수 있기 때문이다.

 그러나 중국의 과도한 설비증설로 2023년 추계치 기준으로 중국의 연간 태양광패널 생산능력은 400GW를 초과하는 것으로 파악되고 있는데, 전 세계 수요는 300GW 수준에 불과하다. 중국 태양광기업만의 생산능력으로도 전 세계 수요를 크게 초과하고 있으며, 중국 및 타국의 설비증설 계획을 감안하면 공급과잉은 더 심화될 것으로 예상되고 있다. 중국과 경쟁하는 시장에서는 승산이 없음에 따라 한국, 유럽 및 미국의 기업 (First Solar, QCells, Canadian Solar, Enel 등)은 미국의 IRA법을 통한 관세 및 세제혜택으로 경쟁이 가능한 미국에서만 공장설립을 추진하고 있다.

 그러나 세계적 생산능력 과잉과 재고누증에 따라 시장가격이 단기간 내에 수익성 확보 가능한 가격으로 회복되기는 쉽지 않을 것으로 전망되고 있다. 또한, 중국 기업의 제조원가가 타국 대비 현저히 낮아 타국에서 관세를 부과하더라도 중국 기업의 경쟁력이 유지될 수도 있다. 특히, 저가패널은 태양광설치 및 발전기업에게 유리하고 소비자 후생증가에도 긍정적이다. 따라서 자국 내 태양광패널 제조기업 육성을 통한

국가적 효익이 크지 않을 경우 관세 등을 통해 자국 내 태양광패널 설치원가를 높이려 하지 않을 수 있다.

태양광설치를 통해 재생에너지 비율을 높이려는 미국 및 유럽 등 선진국의 장기적 정책방향은 유지되고 있다. 또한 태양광설치는 이미 전력 신규용량의 가장 큰 원천으로 자리 잡아 가고 있다. 이와 같은 장기적 성장전망에도 현재는 공급과잉으로 고율의 관세부과 또는 정부의 정책적 지원 없이는 중국 외 다른 나라에서는 자국 기업들의 수익성확보가 어려워진 시장이 되어 버렸다.

중국은 자국 기업도 적자를 보이는 대규모 공급과잉을 어떻게 해소할 것인지, 그리고 타국 기업들은 이러한 환경에서 어떻게 자체 공급망을 갖추고 수익성을 확보할 것인지가 현재의 숙제다.

5. 석유화학산업

2024년 3월 중국의 폴리프로필렌 수출량은 수입량보다 많았다. 이제 중국 석유화학제품은 베트남, 태국 등 동남아국가뿐 아니라 멀리 브라질까지도 수출되고 있다. 중국 정부는 석유화학 자급률을 높이기 위해 2020년대 들어 국영기업을 위시해서 지방정부 산하기업까지 동원해 대대적인 증설에 나섰다. 이에 폴리프로필렌, 폴리에틸렌 등 주요 석유화학제품은 2025년 이후 공급능력이 자국수요를 상회할 것으로 전망되고 있다.

석유화학산업에 있어 중국의 증설로 한국 기업이 실적저하를 겪었던 적은 과거에도 여러 차례 있었으며, 수급변화는 주기적이었다. 2000년대 이후 한국 석유화학산업 수급은 중국의 공급부족 규모에 따라 좌우되어 왔다. 공격적으로 설비증설을 지속해 온 국내 석유화학산업은 중국의 고성장으로 공급부족이 확대될 때마다 그 부족물량에 대한 수출을 늘리며 주기적으로 호황을 누려 왔다.

IMF 이전이었던 1990년대 경쟁적으로 투자를 확대했던 국내 석유화학기업들은 2000년대 초반 국내 공급과잉 물량을 중국으로 수출했으며, 이에 당시에도 중국 수출비중은 높았다. WTO 가입 이후 2000년대 초반 중국의 산업생산이 급증하자 기초유분 및 합섬원료 등 광범위한 석유화학제품의 수요가 발생했고, 이에 한국의 주요 석유화학기업들은 2004년에 합산실적 기준으로 영업이익률 15% 수준에 이르는 호황을 누렸다.

이후 중국 정부의 자급률 향상을 목적으로 한 대규모 투자가 이루어질 때에는 실적저하를 겪기도 했으나, 빠른 수요증가로 주기적인 호황은 반복되었다. 2011년을 전후하여 영업이익률 15% 수준에 이르는 호황을 누렸으며, 특히 2017년을 전후해서는 호황도 길었고 주요기업 합산실적 영업이익률이 15%를 초과하기도 했다. 여러 번의 호황을 거치며 중국에 대한 수출규모는 증가해 왔으며, 2010년대 후반 한국 주요 수출품에서 석유화학제품이 다년간 상위권에 포함되기도 했다.

합섬섬유의 원료인 TPA 등의 경우 2010년대 초반 중국의 증설로 중국자급률이 90%를 상회하게 된 이후 동 제품은 지속적인 어려움을 겪기도 하는 등 제품별 차이는 있었다. 또한 2010년대 후반 이후 미국 ECC증설에 따른 에틸렌 계열의 역내공급 증가도 부정적 영향을 미쳤다. 제품별, 원료별 그리고 유가변동 등에 따라 변동성은 다르게 나타났으나, 한국 석유화학산업 전반에 있어 가장 중요한 수급결정 요인은 역시 중국의 공급부족이었다.

그러나 이제는 중국 석유화학제품의 자급률이 향상되어 에틸렌, 프로필렌 등 기초유분과 PX등 중간원료는 2025년 자급률이 100%를 초과할 전망이다. 또한, 오랜 기간 지속되어 오던 중국의 내수 및 수출 수요의 고성장이 멈춘 상태이다. 이제 국내 석유화학산업은 중국에 수출하던 물량만큼 공급과잉에 처했으며, 동남아 등 타 수출시장에서는 중국산 제품과 경쟁해야 하는 상황이다. 특히, 최근 증설된 대규모 설비에서 이란, 러시아산 원유를 사용하는 중국제품의 원가경쟁력은 한국 대비 우수하다.

국내 석유화학기업들은 가동률 축소 등으로 버티며 수출수요가 다시 살아나길 바라고 있다. 그러나 중국이 공급부족을 보이며 다시 국내기업에게 기회를 줄 수 있을지는 의문이다.

6. 2차전지산업

2023년 기준 세계 2차전지 시장 점유율은 CATL이 약 35%, BYD가 약 15%, CALB가 약 5%로 중국계 상위 기업만 해도 50% 이상의 점유율을 보이고 있다. 또한, CATL, BYD 등 중국의 상위기업은 과거 대비 저하되었지만 그래도 2024년에도 영업수익성을 유지하는 모습이다.

50여 개 이상의 기업군이 경합하고 있는 중국 2차전지산업은 리튬, 니켈 등 원재료조달, 양극재, 음극재, 분리막 등 소재생산 및 2차전지 셀생산까지 공급망 대부분에 있어 전 세계 공급량에서 지배적인 위상을 점하고 있다. 특히, 정부의 정책지원을 통해 빠르게 성장하고 있는 중국의 전기차 수요를 배경으로 하고 있다. 중국은 대수 기준 2천 5백만 대를 상회하는 세계 최대의 자동차 수요국가인데 전기차 비중이 2023년에 이미 30% 이상으로, 이를 기반으로 2차전지산업 규모에 있어서 타국을 압도하고 있다.

경쟁력을 갖춰 수출되고 있는 중국산 2차전지가 타국 완성차기업에 채용되는 비중이 증가하고 있다. 합리적 가격에서 충분한 생산능력과 품질을 갖춘 대체품을 단기간 내에 확보할 수 없는 타국의 완성차기업들은 중국제품에 대한 경계심에도 불구하고 중국산 2차전지 채용을 늘리고 있다.

그러나 경기부진 등으로 내수수요 성장세가 크게 약화되었다. 또한, 수출시장에서는 미국 및 유럽의 주요국에서 자국 내 밸류체인이 구축되지 않은 2차전지 사용에 대해서는 관세 등을 부과하며 중국산에 대한 규제를 강화하고 있어 고성장세 유지가 어려운 상황이 되었다. 특히, 중국 2차전지산업은 대규모 투자가 선행되면서 생산능력이 급격히 증가했다. 이에 현재 중국의 2차전지 생산능력은 전 세계 수요의 1.5배 수준에 이르는 것으로 파악되고 있다.

이와 같이 중국 2차전지산업의 공급과잉이 심화되고 있어 2024년 들어 CATL 및 BYD 등 상위기업 포함한 중국 기업들은 총 19개 이상의 2차전지 공장설립 계획을 취소하거나 연기하였다. 중국 정부도 공급과잉 문제를 해소하기 위해 중소 지방기업들의 증설계획을 연기시키거나 취소시키고 있다. 중국 내수시장에서 극심한 경쟁이 나타나고 있으며, 중국 외 시장에서도 중국 기업과의 경쟁이 심화되고 있는 양상이다.

완성차는 고가의 내구소비재로서 소비자의 신뢰가 중요한 만큼 완성차기업도 2차전지 조달에 있어 가격과 품질을 같이 고려하고 있어, 기술력과 생산능력을 겸비한 기업으로 집중도가 높아지고 있다. 그럼에도 불구하고, 2024년 상반기 기준으로 전 세계 2차전지 제조기업 중 각국 정부의 세제 혜택 등을 정책을 지원을 제외했을 경우 상업적으로 수익성을 유지하고 있는 기업은 소수에 불과하다.

현재 수준의 공급과잉이 장기화될 경우 중하위 기업 위주의 2차전지 산업 구조조정은 불가피할 수밖에 없다. 다만, 미국, 유럽을 주요 시장으로 하는 기업과 중국 및 기타 시장을 주요 시장으로 하는 기업 간의 구조조정 강도는 다를 수 있다.

주요 경쟁상대인 중국 기업과 한국 기업이 이번 공급과잉을 어떻게 이겨 내는지 그리고 이후 어떠한 위상을 보이는지에 따라 향후 세계 2

차전지산업 지형이 결정될 수 있다.

7. 마치며

패권경쟁에 있어 산업의 중요도, 자국 기업 위상 등에 따라 중국발 공급과잉이 미치는 영향은 산업별로 차별화되고 있다. 평판디스플레이 산업은 일본, 한국, 대만 및 중국만의 산업이었으며, 중국 기업이 정책 지원을 기반으로 공급과잉을 만들며 가격경쟁으로 일본, 한국 기업을 퇴출시켜도 미국, 유럽에서는 관심이 없었다. 피해받는 자국 제조기업이 없었으며, 낮아진 평판TV 가격으로 소비자 효익은 증가했기 때문이다. 중국 정부차원의 대대적 증설추진으로 인한 철강 및 석유화학제품 공급과잉과 그에 따른 한국 산업에의 부정적 영향은 상대적으로 영향이 적은 미국 및 유럽 국가에게는 별 관심사항이 아니다.

그러나 반도체, 2차전지 및 태양광산업은 미래산업의 핵심 중간재로서 자체 공급망이 없을 경우 패권경쟁에서의 우위 유지 및 자국 산업의 장기발전에 부정적일 수 있다는 인식이 있다. 그에 따라 미국 및 유럽은 동 산업에 있어서는 다양한 자국 기업 보호, 육성조치를 내놓고 있다. 다만, 미국 및 유럽의 중국 기업에 대한 규제강화는 한국 기업 입장에서는 중국과의 직접경쟁이 완화되는 긍정적 측면과 한국 기업에 대한 규제가 강화되는 부정적 측면이 공존한다.

중국은 핵심 범용 산업재 생산에 있어 대규모 자국소비를 배경으로, 그리고 때로는 출자 및 보조금 등 정책적 지원을 기반으로 수출시장에 진출하여 산업 규모를 키워 왔다. 이후, 남들이 추격 불가능한 수준의 규모경제를 달성해 정부지원 없이도 원가경쟁력을 확보할 수 있는 수준까지 성장시키고 있다. 중국발 공급과잉이 심화될 때 중국 기업도 구조조정 위기에 처하지만, 시장규모 및 정부지원 등에서 불리한 타국의 기업은 수익성 악화와 경쟁력 약화 등에 따라 해당 산업에서 철수할 수밖에 없는 상황에 몰리기도 한다.

최근 나타나고 있는 중국발 공급과잉은 범용 중간재 산업에 그치지 않는다. 다만 범용재 성격을 갖는 중간재의 경우 품질차별화가 쉽지 않으며, 공급과잉에 따른 영향이 가격하락으로 직결된다는 점에서 그 영향은 가장 강력하다. 다양한 산업에서 나타나고 있는 이번 공급과잉은 장기화될 수 있으며 공급과잉 규모도 크게 나타날 수 있다는 점에서 해당 산업을 영위하고 있는 국내 기업에게 중대한 위험요소로 작용할 수 있다. 수입에 따라 영향을 받는 국내시장뿐만이 아닌 수출하고 있는 해외시장에서도 중국제품과 경합해야 한다.

미국, 중국, 유럽과 같은 대규모 시장을 보유하고 있는 나라의 기업과 달리 한국 기업은 독자적으로 생존을 도모해야 하는 부담이 크다. 대외 환경변화에 대한 명민한 관찰과 빠른 대비, 그리고 핵심 경쟁력 및 재무여력 강화가 중요한 시점이다.

8.
중국의 경기부양책과 글로벌 자산가격 상승

중국의 경기부양책과
글로벌 자산가격 상승*

송기종

1. 교묘한 Show와 같았던 부양책 발표

　2024년 9월 24일 인민은행이 대규모 통화완화와 주식시장 부양정책을 발표했을 때, 초기 주식시장의 반응은 뜨겁지 않았다. 당일 상해종합지수가 4% 정도 상승했지만, 다음 날은 거의 변동이 없었다. 근본적인 문제인 소비 부진과 부동산 시장의 침체를 해결하기에는 한계가 있다는 시각이 대부분이었다. 사실 그동안 여러 차례의 통화완화 부양책이 있었지만, 주식시장에서도 실물 경제에서도 거의 효과가 없었다. 이번에도 크게 다를 것 같지 않았다. 공산당의 경제에 대한 시각이 근본적으로 바뀌지 않는 한 경기 부진을 끝낼 수 없으니, 소소한 부양책에 관심을 가질 필요가 없다는 과격한 시각도 있었다. **하지만, 이후 주식시장의 급등은 한동안 지속되었고, 금융시장은 사후적으로 왜 이번에는 다른지를 해석해야 했다.**

---

* 본 에세이는 2024년 10월 22일 발표된 것이다.

생각해 보면, 시기가 절묘했다. 미국이 빅컷(50bp 인하)으로 정책금리 인하를 시작했기 때문에 금융시장은 Good News에 반응할 준비가 되어 있었고, 통화완화 부양책이 위안화 환율에 미치는 영향을 걱정할 필요도 없었다. 그리고, 주식시장을 직접 겨냥했다. 일본의 양적완화 및 증시 부양정책을 차용하여, 인민은행이 보험 및 증권회사의 주식 매입을 직접 지원하는 대출 프로그램을 도입한 것이다. 가장 결정적으로, 재정확대에 대한 주식시장의 기대감을 교묘하게 유발했다. 인민은행의 발표 이틀 뒤인 **9월 26일부터 관변 언론과 관변 금융기관을 통해, 통화 완화가 전부가 아니고 조만간 대규모 재정확대 정책이 발표될 것이라는 소문을 흘렸다. 증권사와 언론은 재정확대 규모가 2~10조 위안(2023년 명목 GDP의 1.6~7.9%), 일부는 20조 위안(2023년 명목 GDP의 15.8%)에 이를 것이라는 전망을 실어 날랐고, 실제로 주식시장은 통화완화보다는 이 소문에 크게 반응했다.**

소문이 흘러나온 이후 주가 상승이 지속되면서 기존 매도 포지션(Short Position)을 취하고 있던 투자자들은 포지션 청산을 위해 주식을 매입했고, 더 오르기 전에 상승세에 올라타야 한다고 판단한 투자자들도 나타나기 시작했다. 9월 24일부터 중국의 주식시장(상해종합지수 및 홍콩H지수)은 급등락을 거친 이후 약 한달 간 대략 15~19% 내외의 상승률을 보이고 있다. **실질적인 효과를 제쳐 두고라도 이번 부양책은 적어도 금융시장의 주목을 받는 데는 성공했다.** 경제정책의 효과를 극대화하기 위해서는 투자자와 경제주체들의 '기대'를 바꾸어야 한다는 현대 경제학의 논리를 생각하면, 모범적이었다는 점은 부인할 수 없다.

하지만, 대다수가 여전히 의구심을 가지고 있는 것이 사실이다. 주식시장의 높은 기대는 언제든지 강한 실망으로 바뀔 수 있다. 과연 이번 부양책이 이전의 그저 그런 부양책과 어떻게 다른 것인가? 주식시장의 기대는 정당한 것인가? 중국 정부는 과연 근본적인 문제들을 해결할 능력과 의지가 있을까? 시진핑의 마음이 정말로 바뀐 것일까? 부양책의 영향은 우리나라 경제와 금융시장에 어떤 형태로 나타날까?

2. 정책 전환의 배경: 전술적 타협, 그리고 트럼프

이번 부양책에 금융시장이 강하게 반응한 가장 중요한 이유는 아마도 세 가지 측면에서 '이제는 때가 되었기' 때문일 것이다. 첫 번째 측면은 시진핑의 기존 경제정책들이 목표를 달성했다는 것이다.

지난 칼럼[1]에서 살펴본 것과 같이, 시진핑 집권기의 광포(狂暴)한 사회, 경제정책(공동부유, 플랫폼 기업과 부동산 개발회사들의 해체, 문화산업에 대한 검열 강화, 공산당 내 파벌 해체 등)의 목적은 그동안 중국 사회와 공산당을 타락시키고, 공산당의 권위와 통제력에 도전했던 다양한 세력들을 일소하는 것이었다. 그리고, 성공했다.

알리바바와 같은 플랫폼 기업들은 정부에 종속되어 순종적이 되었다. 마윈과 같이 독자적인 목소리를 가진 반항적인 인물이 다시 나타날 가능성은 전혀 없다. 대형 민간 부동산 개발회사들은 대부분 사라졌고,

---

1) 「개혁·개방의 종말과 마오쩌둥의 부활」, NICE 칼럼, 2023.11.

남아 있는 회사들은 생존을 위해 정부의 자혜로운 처분을 바랄 뿐이다. SNS에 사치를 자랑하던 연예인들은 이제 공산당에 대한 충성을 보여주기 위해 안달이다. **가장 중요하게는, 이제 새로운 중국의 규칙을 모두가 알게 되었다.** 경제와 정치 영역에서 민간의 역할과 자율성을 확대해야 한다거나, 언론을 통해 다양한 목소리는 내는 것이 필요하다는 생각 따위는 일소되었다.

두 번째 측면은 시진핑 총리와 핵심 엘리트들이 전술적 후퇴와 타협을 시도하고 있다는 점이다. 사실 중국이 경기를 부양하는 방향으로 경제정책을 전환할 것이라는 점은 이미 어느 정도 예견되었다. 중국의 부진한 경제적 성과와 이에 따른 민심 이반은 여기서 자세히 설명할 필요가 없을 정도로 잘 알려져 있다. 이러한 상황에서 2024년 7월 3중전회 결과를 공표하면서 '공동부유'라는 표현을 삭제하였고, 관변 언론사들의 결과 분석기사들은 일제히 '개혁·개방'을 핵심 단어로 사용하면서 정책 전환을 암시했다. 또한, 2024년 10월 1일 건국 75주년 국경절 기념행사에는 원자바오 전 총리를 비롯한 당 원로들이 대거 참석했으며, 리셉션에서 원자바오 전 총리가 시진핑 주석의 바로 왼쪽에 앉아 함께 식사하는 사진이 관변 언론에 크게 노출되었다. 원로들을 파벌주의와 부정부패를 만들어 내어 중국 사회와 공산당을 타락시킨 주범으로 인식하는 시진핑 입장에서는 파격적인 양보이다.

이러한 정황들을 놓고 볼 때, 시진핑 주석은 그간의 광포(狂暴)한 정책이 만들어 낸 부작용을 완화하고, 공산당 내 일부 불만 세력들을 달래기 위해 전술적 후퇴와 타협이 필요하다고 인식하고 있는 것 같다.

세 번째 측면은 미국 대선 결과에 대한 두려움일 것이다. 누가 당선되던 미국과 중국의경제적, 지정학적 분쟁은 계속되겠지만 트럼프가 당선되면 분쟁의 격화 정도는 예측할 수 없다. 특히, 그나마 중국 경제를 버티고 있던 수출부문에 대한 추가적인 타격이 있을 것이다. 중국 경제가 너무 약한 상황에서 충격을 받는 것은 바람직하지 않다. 이러한 측면에서, 미리 정책방향을 전환해 두겠다는 선제적인 보험적 성격도 가지고 있는 것으로 보인다.

결론적으로 기존 경제, 사회정책들의 목적이 달성되었으니, 그동안의 부작용과 희생을 완화하기 위한 정책전환이 가능해졌고, 또한 필요해 졌다. 전략적 목표를 달성하기 위한 희생이었지만, 경기부진과 높은 청년 실업률이 지속되면, 오히려 공산당에 대한 불만이 높아질 우려도 있다. 금융시장이 '이제는 때가 되었다'고 생각하는 이유이다. **앞으로의 정책방향은 그동안 '과도'했던 정책들의 일부를 '질서 있게 되돌리는 것'이다.**

3. 이전 부양책과의 차이점: 재정확대와 규제 완화

이러한 배경에서, 이번 부양책이 이전과 차별화되는 핵심적인 포인트는 재정확대와 규제의 폐지 등 실물 수요를 만들어 내는 정책들을 포함하고 있다는 것이다. 현재 중국은 전형적인 '유동성 함정'에 빠져있다. 수출은 좋지만, 수출 관련 민간 영역은 미·중 무역분쟁 때문에 위축되어 있어 투자를 꺼리고 있다. 한때 번창했던 플랫폼 기업은 이제 막 '구조조정'이 마무리되어 힘이 없다. 몇 년간 지속된 경기둔화와 위축된 사회심리로 인해 소비 활동과 주택 구매도 살아나지 못하고 있다. 계속된 숙청으로 움츠린 지방정부 관료들은 복지부동에서 벗어날 생각이 없다. 그동안 반복적인 통화완화 부양책을 통해 인민은행이 아무리 돈을 쏟아부어도 실물 부분이 반응하지 않은 이유이다.

하지만, 이번 부양책에서는 실물 수요 확대에 대한 진지한 고민이 담겨 있다. 미국의 사례와 비교하면, 2008년 이후 돈만 풀던 '양적 완화'에서 코로나19 이후 재정지출 확대가 수반된 '진정한 확장적 경제정책'으로 전환된 것이다.[2]

'유동성 함정'에서 벗어나기 위해 2024년 10월 12일 중국 재무부는 ① 중앙정부의 채권발행 여력이 충분하다는 점을 강조하면서 ② 상당한 규모의 특별국채 발행을 통해 국유은행의 자본을 확충하여 대출 여력을 늘리고, ③ 중앙정부의 지원과 지방정부의 자체 지방채 발행을 통해 지방정부가 미분양 주택 및 유휴토지를 매입하도록 할 것이라고 밝혔다. 이날 발표에는 금융시장이 원하는 구체적인 특별국채 발행 규모가 담기지는 않았다. 하지만, 금액 자체만큼 중요한 것은 정부가, 즉 공산당이 재정확대를 통해 경기부양 의지를 보였다는 점이다. **이제부터 인민은행과 모든 정부부처는 경기부양을 위한 정책들을 앞다투어 발표해야 하고, 금융기관과 지방정부, 공기업, 그리고 민간영역까지 합당한 역할을 수행하여 그 성과를 공산당에 보고해야 한다.**

---

2) 두 정책의 차이에 대해서는 「인플레이션의 복귀와 장기금리 상승 가능성(Ⅰ) - 쟁점과 전망, 그리고 세 가지 시나리오」, NICE Special Report, 2021.01. 참조.

재정확대보다 덜 주목받고 있기는 하지만, 어떤 측면에서 가장 중요한 변화는 그동안 민간부문에 가해졌던 가혹한 규제가 폐지되고, 다양한 지원책이 나오고 있다는 것이다. 2024년 8월 알리바바 그룹의 주식이 홍콩 증시에 1차 상장되었다. 이로써 '강구퉁(중국 본토 투자자들의 홍콩증시 투자 제도)'을 통해 중국 투자자들이 알리바바 주식을 살 수 있게 되었다. 일견 사소한 이벤트이다. 하지만, 2022년 8월 '1차 상장' 전환 신청 이후 2년 만에 '허가'가 이루어졌다는 점, 그리고 2020년 말 앤트 그룹 상장 실패와 마윈의 일시적 실종, 이후 알리바바 그룹의 강제분할 등으로 점철된 공산당과 알리바바 그룹의 관계를 생각해 보면, 이번 상장은 플랫폼 기업에 대한 정책 변화를 상징한다고 할 수 있다. 또한, 지난 10월 14일에는 플랫폼 기업의 활성화와 이용자 확대를 지원하겠다는 정책도 발표되었다. **민간 영역의 통제 강화를 상징하던 플랫폼 기업에 대한 정책 전환은 민간 영역에 대한 공산당의 통제력이 충분해졌으니, 이제 조금은 풀어 줘도 되겠다는 생각을 보여 준다.**

4. 한계와 기대

하지만, 중국의 정책방향이 전환되었고, 시진핑 주석도 한발 물러섰으니 중국 경제가 다시 예전의 번영을 되찾을 것이라고 기대할 수는 없다. 많은 사람들이 지적하듯이, 두 가지 정도 이유에서 한계가 있는 부양책이기 때문이다.

첫째, 재정확대의 규모나 지출의 형태가 파격적이지는 않다. 그동안 산발적으로 발표된 계획과 앞으로 발표될 것으로 예상되는 조치들을 모두 합치면 재정확대 규모는 약 10~13조 위안(2023년 명목 GDP의 8.0~10.5%)으로 상당하다. 하지만, 이 중에서 절반 이상인 6조 위안은 지방정부 부채의 구조조정에 사용되는 금액이다. 즉, 경제에 새롭게 투입되는 재정확대 규모는 4~7조 위안(2023년 명목 GDP의 3.2~5.5%) 수준이다. 작은 규모는 아니지만, 소위 '바주카포'라기보다는 정밀타격에 가깝다. 또한, 재정부의 사용계획에 따르면, 가장 직접적으로 수요를 창출할 수 있는 대규모 사회간접자본 투자 등에는 적극적이지 않고, 주택부문과 저소득층 지원에 집중하고 있다.

이러한 재정확대의 규모나 재정지출 형태는 시진핑 주석의 경제정책에 대한 시각을 반영하고 있는 것으로 보인다. 그는 2008년 금융위기 대응책으로 나왔던 사회간접자본 건설 중심으로 한 대규모 부양책을 혐오하고, 국민들에게 무분별하게 현금을 뿌리는 정책에 대해서는 근검절약 정신을 해친다는 이유로 부정적인 것으로 알려져 있다. 결국, 그 규모나 형태로 볼 때, 이번 부양책은 시진핑 주석의 양보와 전술적 타협의 결과이며, 그의 경제에 대한 시각이 근본적으로 변화하지는 않았다는 것을 보여 주고 있다. 그리고 이러한 시진핑의 경제관이 유지되는 한 재정정책 확대 규모는 GDP의 10%를 상회하는 규모였던 2008년 금융위기 대응책과 비교할 때 작을 수밖에 없다.

둘째, 시진핑 정부의 근본적인 정책방향이 달라진 것은 아니며, 중국 민간부문의 역동성도 소멸되었다. 앞에서 살펴본 것과 같이 이번 재정확대를 동반한 부양책이 시진핑 정부의 경제관 변화를 이야기하지는 않는다. 그러므로, 앞으로도 민간부문을 통제하에 두고, 미국과의 대결에서 중요한 핵심 전략부문 및 공공부문을 중심으로 경제성장을 만들어 내려는 정책방향에 근본적인 변화를 기대하기는 어려울 것이다.

또한, 민간부문의 빠른 회복도 기대할 수 없다. 과거 창의적이고 역동적이던 중국의 민간부문은 이미 그동안의 통제와 폭압에 의해 생명력을 잃었다. 그리고 자신과 주변 기업가들의 사업이 순식간에 사라져버리고, 공동부유라는 명목하에 부유층들을 부정부패의 원흉으로 비난하던 상황을 목격한 기업가들은 여전히 의심을 거둘 수 없을 것이다. 외국인 실물 투자자과 잠재적 주택구매자들 역시 시진핑의 진의가 확인되기 전까지 움직이지 않을 것이다. 단기적인 손익에 민감한 주식투자자와 달리 실물 투자자들은 장기적인 정책의 안정성이 중요하기 때문이다.

이번 부양책에서 시진핑의 근본적인 경제관 변화나 2008년 금융위기 대응책 수준의 규모를 기대했다면 실망할 것이다. 이러한 한계점에도 불구하고, 적어도 두 가지 이유에서 그동안 극단적으로 부진했던 중국의 내수 부문을 반등시키는 데에는 어느 정도 효과가 있다는 점도 부인할 수 없다.

첫째, 지금 중국이 빠져 있는 '유동성 함정' 상황에서 정부의 직접적인 재정확대는 가장 확실한, 교과서적인 해결책이다. 예외적으로, '잃어버린 30년' 기간 동안 일본에서는 효과가 없었다. 하지만, 지금 소득수준과 경제구조 등을 고려할 때 중국이 그 시기 일본 수준으로 성장동력을 잃어버렸다고는 보이지 않는다.

둘째, 항상 경제정책의 효과와 관련된 논의에서 언급되는 것처럼, 중국 정부는 다른 나라 정부들보다 훨씬 강한 경제 및 금융시장에 대한 통제권을 보유하고 있다. 재정정책과 산업정책뿐 아니라, 지방정부와 대형 공기업, 은행을 비롯한 금융기관들을 동원하여 어느 정도 수준의 성과는 만들어 낼 수 있을 것이다.

결론적으로, 이번 통화완화와 재정확대를 병행한 부양책은 시진핑 정부의 근본적인 정책방향의 변화를 의미하지는 않기 때문에 한계가 있지만, 적어도 기존의 공동부유로 상징되는 폭압적인 경제정책에서는 한발 물러섰다는 점과 중국 정부가 가지고 있는 폭넓은 경제 통제권 등을 고려할 때, **그동안 지속된 오랜 경기부진을 끝내고, 경제상황의 변곡점을 만들어 낼 가능성이 높다.** 금융시장과 많은 투자자들이 의구심 속에서도 중국의 경제정책 전환에 계속해서 주목할 수밖에 없는 이유이다.

5. 우연한 글로벌 정책공조와 자산가격 상승

이번 중국의 정책방향 전환은 주요국의 거시경제 정책과 함께 이해할 때 그 의미가 보다 명확해 보인다. 현재 미국은 인플레이션이 낮아지는 가운데에서도 성장률과 고용시장이 양호한 수준을 유지하는 골디락스(Goldilocks) 상황을 즐기고 있다. 최근 시작된 Fed의 금리 인하 사이클은 가파르지는 않겠지만, 우호적인 경제상황과 맞물리면서 경제와 금융시장에 자신감과 낙관적인 분위기를 퍼트리고 있다. 유럽은 인플레이션이 안정되면서 이미 정책금리 인하를 진행 중이며, 극심한 경기부진 속에서 재정확대에 대한 정치적 요구가 분출하고 있다. EU 차원의 통합 국채를 발행하여, 이를 재원으로 한 엄청난 규모의 투자를 통해 첨단 산업에서 미국과 중국을 따라잡아야 한다는 드라기 전 유럽은행 총재의 제안은 지금 유럽의 상황을 보여 주고 있다. 이러한 가운데, 중국은 통화완화와 재정정책, 그리고 각종 산업정책이 복합된 경기부양으로 정책방향을 전환했다. **각자의 상황에 따른 정책방향이 우연히 글로벌 정책공조를 만들어 낸 것이다.**

이러한 '우연한 정책공조'는 우리나라를 비롯한 글로벌 경제의 성장률 회복에 긍정적이다. 특히, 중국의 부양책은 공급과잉 문제를 일부 완화하면서, 공급과잉의 직접적인 영향을 받아 온 우리나라 철강, 석유화학, 2차전지, 디스플레이 산업의 수익성 회복에 도움이 될 것이다.[3] 일례로 최근 중국 정부는 일정 기준에 부합하는 부동산 건설 프로젝트(화이트리스트)에 1조 7,700억 위안의 대출(총 4조 위안의 화이트리스트 대출 프로그램 중 미집행분)을 신속하게 추가 투입하여 공사 진행을 앞당기겠다고 발표했다. 이러한 정책들에 따라 극심한 부진에 빠져 있는 중국 건설투자가 일부라도 회복될 경우, 그동안 우리나라 철강 산업에 부담을 주었던 중국 철강재 저가 수출물량은 감소할 것이다.

이와 동시에, '우연한 정책공조'는 글로벌 자산가격을 상승시키는 효과를 가질 것이다. 이 상승은 어떤 자산시장에서는 회복이고, 어떤 자산시장에서는 버블이다. 미국의 경우, 가파른 금리 인상 이후 소프트랜

---

[3] 「심상치 않은 중국의 공급과잉」, NICE 칼럼, 2024.08. 참조.

딩에 성공한 흔치 않은 사례는 1990년대 중반이다. 당시 그린스펀은 성공적인 통화정책을 이끌며 '마에스트로'라는 영광스러운 별명을 얻었지만, 고금리를 이겨 냈다는 경제와 금융시장의 자신감은 곧 주식시장의 IT버블로 이어졌었다. 이번에는 미국 경제의 소프트랜딩이 주식시장에 어떤 형태로 영향을 미칠지 주목된다.

한편, 그동안 고금리의 영향으로 가격이 하락했던 여러 국가들의 부동산 시장과 상대적으로 부진했던 일부 국가의 주식시장에서는 회복을 의미한다. **우리나라 부동산 PF 문제의 '질서 있는 연착륙'에도 도움이 되겠지만, 동시에 수도권 주택시장의 버블 가능성도 다시 높아질 것이다.**

6. 마치며

중국이 경기부양으로 정책방향을 전환한 것은 우리나라 입장에서는 환영할 만한 일이다. 부양책의 내용에 여러 한계점이 있다고는 하지만, 일단 중국의 과잉공급 문제로 고통받고 있는 일부 산업에는 직접적인 수혜 효과가 있을 것이다. 그리고, 극단적으로 부진했던 중국 내수경기의 회복은 여러 직간접적인 경로를 통해 우리 제품의 글로벌 수요에 긍정적인 영향을 줄 것이다.

하지만, 이와 동시에 글로벌 금융시장의 불안정성은 더욱 커지고 있다는 점도 주목해야 한다. 주요국 어디도 2008년 이후 증가한 부채 문제를 해결한 곳은 없다. 미국은 이미 과도한 정부부채 규모가 계속 증가하고 있으며, 중국의 과잉부채 문제도 해결되지 않았다. 우리나라의 가계부채 문제도 마찬가지이다. 이러한 가운데, 글로벌 통화완화가 진행되고, 중국이 과잉부채 문제를 또 다른 부채로 덮고, 글로벌 자산가격 상승이 또다시 부채의 증가로 이어진다면 글로벌 금융시장의 불안정성은 더욱 커질 것이다. 갑작스러운 충격에 더욱 취약해진다는 의미이다.

우리나라의 GDP 대비 가계부채 비율은 이미 주요국 중 가장 높은 수준이며, 지난 몇 년간 기업부채 규모도 크게 증가했다. 부진한 경기를 회복시키는 것만큼 부채 규모 관리와 경제구조 개혁을 통해 생산성 개선을 통한 건전한 경제성장이 이루어질 수 있도록 하는 것이 중요하다. 우호적인 환경 변화를 적절하게 활용하는 지혜가 필요하다.

9.
지정학적 관점에서 본 대만 COMPUTEX 2024

지정학적 관점에서 본
대만 COMPUTEX 2024*

김명수

1. 번영하는 대만

미·중 패권경쟁 속에 대만은 양국의 핵심 이익이 충돌하고 갖가지 무시무시한 시나리오가 난무하는 곳이다. 대만 봉쇄, 양안 전쟁 가능성부터 정권교체를 위한 선거개입과 통일전선전술까지 양안 간의 지정학적 불안감은 사실 남북한의 그것을 능가한다. 대만은 인구·경제·군사·외교 그 어느 면에서도 거대한 중국에 비할 바가 못 되므로 그 위기감은 과장이 아니다.

지정학적 불안감과 위기감 속에서도 오늘날의 대만은 번영하고 있다. 2013~2023년 10년간 한국이 연평균 2.6%의 성장률을 기록한 데 비해, 대만은 3.2% 성장하였다. 그 결과 18년 만에 양국의 1인당 GDP는 역전되었다(한국 32,237불, 대만 32,811불).

---

* 본 에세이는 2024년 7월 5일 발표된 것이다.

대만의 번영은 우리가 알고 있는 거시경제적 상식을 깨고 있다는 점에서 주목할 만하다. 첫째, 자본과 노동 투입 중심의 성장(Input-driven growth)이 마무리되면 일국의 성장률은 점점 낮아진다. 그러나 대만의 성장률은 오히려 높아져 소득 3만 불 이상 선진 경제권에서 최고 수준이다(2024년 예상치 3.4%).

둘째, 경제가 커질수록 부가가치가 낮은 제조업 비중이 낮아지고 고급 서비스업 비중이 높아지지만 대만의 제조업 비중은 2013년 29.1%에서 2023년 34.2%로 5% 이상 증가하였다. 제조업 부가가치율도 32.5%로 한국 28.7% 대비 약 4% 정도 높다(2022년 기준). 첨단 제조업이 국제 경쟁력을 갖추고 기술혁신을 지속한다면 선진경제권도 여전히 역동적 성장이 가능하다는 것을 입증하는 좋은 사례다.

한때 미국과 일본의 하청생산을 주로 하던 중소기업 중심의 대만 제조업이 지난 10년간 국제경쟁력을 갖춘 대기업들로 환골탈태하였다. 파운드리의 TSMC와 UMC, 팹리스의 미디어텍, 노바텍, 리얼텍, 반도체 조립의 ASE, 세계적인 OEM 업체 폭스콘, 컴퓨터 제조의 퀀타컴퓨터, ASUS, ACER, 전자부품의 델타일렉트로닉스 등 수많은 기업들이 등장했다. TSMC의 시가총액은 삼성전자의 거의 두 배 수준으로 1,000조 원을 상회하고 대만 팹리스 삼총사 미디어텍, 노바텍, 리얼텍의 시가총액 합계는 현대차·기아차의 그것을 웃돈다. 한국은 지긋지긋한 코리아 디스카운트 해소를 위해 정부까지 나섰는데 우리가 보기에 더 위험해 보이는 대만 기업들에게 타이완 디스카운트란 없다.

2. AI혁명의 중심, 대만

지금 AI혁명은 두 가지 방향으로 전개되고 있다. 하나는 거대 언어모형(Large Language Model, LLM) 개발 경쟁으로 여기에는 미국의 클라우드 서비스 제공업체들(MS, 구글, 아마존)이 모두 참여하고 있다. 클라우드 서비스 제공업체들은 지금의 검색엔진에서 구글이 차지한 압도적 시장지위와 같은 산업 패권을 꿈꾸며 수백억 불을 투자하고 있다.

이것은 대만 기업들의 사업이 아니다. 그러나 이들 업체에 AI 반도체를 공급하는 업체가 엔비디아이고 엔비디아는 대만 출신 미국인 젠슨 황이 이끈다. 또 엔비디아의 데이터센터용 AI반도체는 모두 대만 기업 TSMC가 생산한다.

다른 하나는 PC, 핸드폰, 서버 등 AI 기술이 적용된 디바이스 경쟁이다. 통신 없이 디바이스 단독으로 AI 기능을 수행하기 위해서는 고성능, 고용량, 저전력의 AI반도체가 필요하다. 일단 PC시장에서 전쟁이 벌어졌다. PC는 그동안 핸드폰에 밀려 그저 그런 시장으로 간주되었다. 2007년 애플의 아이폰 출시 이후 핸드폰은 손안의 PC로서 업계 플레이어들은 디자인과 해상도, 데이터 속력, 카메라와 배터리 성능은 물론, 심지어 무게와 두께에 이르기까지 치열하게 경쟁해 왔다. 혁신은 부가가치를 올렸고 소비자들은 지갑을 열어 보상하였다. 그러나 데스크톱과 랩톱 컴퓨터 시장은 상대적으로 부가가치 인상이 더뎠고 소비자들의 관심에서 소외되어 왔다.

그동안 PC는 사무용품이자 인터넷과 게임, 동영상도 즐길 수 있는 오락용 기기였지만 AI 기술은 지루하던 PC시장을 변화시킬 것이다. 마이크로소프트는 2024년 5월 20일, AI PC를 Copilot+ PC로 명명하며 AI PC 시대의 서막을 알렸다. PC 제조원들과 협업하여 개발 중인 Copilot+ PC에는 ChatGPT 4o 기능이 장착된다.

AI PC는 과거 PC에서는 불가능했던 기능들을 수행한다. 사용자가 원하는 동영상과 그림, 음악을 만들어 주고 문서를 만들고 번역까지 해준다. 애플과 구글이 모바일 앱 플랫폼을 제공해 거대한 앱시장을 열었듯이 AI 앱 플랫폼을 제공한다. 스타트업의 엔지니어와 디자이너들이 마음껏 자신의 창의성을 뽐내고 수익을 추구할 수 있게 된다. 새로운 AI 생태계가 조성된다.

지난 수십 년간 PC의 컴퓨팅 칩(CPU) 시장은 인텔과 AMD가 양분해 왔다. 세계 PC업체들은 인텔과 AMD의 칩을 받아 대만과 중국 공장에서 PC를 제조하면 그만이었다. 대만 COMPUTEX 2024에서 퀄컴이 신형 AI 칩(Snap Dragon X Elite)을 선보이며 PC시장에 도전장을 내놓았다. Copilot+ PC에는 퀄컴의 신형 AI 칩과 인텔의 칩(Lunar Lake)이 탑재될 예정이다. AMD의 신형 AI 칩(Strix Point 2)도 추가될 예정이다. 서버용 AI 칩을 생산하는 엔비디아도 머지않아 이 시장에 참여할지 모른다.

반도체 업계의 제왕 인텔은 외주 생산을 하지 않는다는 40년간의 원칙을 깨고 TSMC의 팹을 이용하기로 했다. 인텔은 외주 생산이 경쟁자를 키울 수 있음을 알게 되고 나서 1985년 개발된 80386 CPU 부터 자사 팹만을 이용해 왔다. 부족한 생산능력을 확보하기 위해 자신이 발명한 D램시장도 포기하였다. 그런 인텔이 3개의 신형 AI칩(Lunar Lake, Xeon 6 Processor, Gaudi3 AI Accelerator) 생산을 TSMC에 의뢰하였다.

AI PC는 2028년 전체 PC 수요의 80%를 차지할 것으로 예상된다. 인텔과 AMD가 X86아키텍처를 사용하는 반면 PC시장에 새로 도전장을 내민 퀄컴은 전력 효율성이 좋은 ARM 아키텍처를 사용한다. 소비자들이 X86의 연산능력과 ARM의 저전력성 중 어느 것을 선택할지는 아직 아무도 모른다. AMD와 퀄컴의 공세에 대응하기 위해 인텔은 시급히 3나노 공정이 필요하다. TSMC에 외주 생산을 의뢰한 배경이다.

인텔, AMD, 퀄컴의 신형 칩들은 ASUS, Acer(이상 대만), Lenovo(중국), Dell, HP(이상 미국), 그리고 삼성의 PC에 적용된다. 이들 회사들의 PC는 거의 대부분 중국에서 생산한다. 새롭게 형성되는 AI PC 시장을 선점하기 위해 반도체 기업들은 PC 업체들과의 협업이 중요해졌다. 서버 업계도 마찬가지다. 인텔의 Gaudi3는 10개의 AI서버업체, 즉 ASUS, Foxconn, Gigabyte, Inventec, Quanta, Wistron, Supermicro(이상 대만), Dell, HPE(이상 미국), Lenovo(중국)에 공급되는데 이 중 7개가 대만 기업이다.

세계적인 반도체 업체인 인텔, AMD, 퀄컴, 엔비디아의 수장들이 지난 6월 초 모두 대만 COMPUTEX에 몰려온 이유다. 미국 정부가 IRA법으로 반도체 공장을 미국으로 이전하고자 하지만 엔비디아, AMD는 대만에 대규모 연구개발센터 설립을 추진한다. 고향으로 돌아온 엔비디아의 젠슨 황은 COMPUTEX 2024 키노트 스피치에서 선언하였다. "대만은 AI혁명의 중심이다."

3. 대만에 포획된 미국 반도체 산업

반도체와 컴퓨터 산업은 모두 미국이 창조한 것이다. 페어차일드반도체와 IBM이 그 효시이고 이들로부터 지금 존재하는 수많은 업체들이 분화되어 나왔다. 샌프란시스코 외곽지역에 자리한 이들 기업들은 국방부의 연구개발자금과 지인들의 출자금, 그리고 은행 대출을 받아 자신이 개발한 제품을 자신의 팹에서 직접 생산해 냈다.

그러나 1980년대 폴 볼커 연준의장이 이끈 고금리 시대에 이들 기업의 자금조달 방식이 크게 변화하였다. 고금리 시대에 성마른 투자자들은 투자는 적게 하되 빨리 회수하기를 원한다. 소액 다건(多件)으로 투자 3~4년 후 IPO를 통한 자금회수 방식의 벤처금융이 태동하였다.

실리콘밸리의 벤처기업들은 빈약한 투자금을 손에 쥐고 회사 운영을 해야 했다. 연구개발을 안 할 수 없으니 팹을 생략할 수밖에 없다. 텍사스인스트루먼트의 옛 친구 모리스 창이 1987년에 대만의 나랏돈을 받아 팹을 준비시켜 놓았다 하니 마침 잘되었다. 팹리스와 파운드리 사업의 분화가 일어났다.

미국 기업들이 브레인이라면 대만 기업들은 수족이 되는 방식이다. 칩은 최종적으로 전자제품과 컴퓨터에 쓰이는 중간재인데 이들 제조분야에서도 대만과 중국 사이에도 업무 분화가 일어난다. 대만은 제조공정을 기획하고 중국 공장에서 직접 생산한다. 미국-대만-중국으로 이어지는 국제 분업이 이루어진다.

이제까지 모두 그런 줄로만 알았다. 원천기술은 미국이 쥐고 있고 세계시장을 주름잡는 팹리스도 여전히 미국 회사들이다. 종합반도체회사 인텔이 있고, 시스템반도체를 생산하는 팹리스인 AMD, 퀄컴, 엔비디아, 브로드컴 등은 여전히 미국 회사이니 아무 문제가 없어 보였다.

원청업체는 항상 복수의 하청기업을 거느려야 한다. 삼성전자와 LG전자, 현대차와 기아차도 다 그렇게 한다. 원청기업은 하청기업들에게 설계도면 제공은 물론, 기술지도와 노하우 전수까지 할 수 있어야 한다. 그런데 팹리스들은 파운드리 공정을 전혀 모르고 대만 업체들에게 맡겼다. 대만과 싱가포르에 파운드리가 여러 개 있으니 적당히 경쟁시키며 저가에 공급받으면 그만이란 생각이었다.

생산성과 수율이 원가를 결정하는 무시무시한 반도체 사업의 특징은 파운드리 업종에서도 어김없이 적용되었다. 12인치 웨이퍼 투자와 미세화 경쟁에서 승리한 TSMC는 독주체제를 굳혔다. 레거시 제품에서 세계시장 점유율을 60%까지 높였고 고가의 EUV 장비가 필요한 미세화공정은 90%로 독주 체제다. 원청업체들은 경쟁의 과실을 나누어 가질 줄 알았지만 결론은 독점기업으로의 종속이었다. 가격과 효율에 집착한 미국 팹리스 기업들은 놀라운 생산성을 보인 TSMC에 포획되었다.

파운드리만 대만이 주도하는 것이 아니다. 팹리스 분야에서도 대만 기업들의 추격도 거세다. 대만의 미디어텍(2023년 매출 132억 불)은 세계 5위 팹리스이고 리얼텍(매출 30억 달러), 노바텍 등 기업들의 성장세도 무섭다. 모두 중국 휴대폰 회사에 부품을 공급한다.

이들 팹리스 회사들은 어떻게 성장했을까? 기업이 신기술을 확보하는 방법은 ① 정식으로 원천기술을 라이선싱 받거나 ② 선도기업의 엘리트 기술자를 스카우트하거나 ③ '기타 다양한 수단'을 통해서이다. '기타 다양한 수단'이 무엇을 의미하는지는 여러분의 상상에 맡긴다.

TSMC는 파운드리 전문업체로서 '고객과 경쟁하지 않는다'고 한다. 고객의 영업기밀을 철저히 보장해 준다는 뜻이다. 삼성전자와 인텔의 파운드리 사업 전망을 비관적으로 보는 이유도 그 때문이다. 고객은 종합반도체회사에 파운드리를 맡기길 꺼린다. 기술 도용을 우려하기 때문이다.

TSMC가 세계적인 팹리스와 일하며 알게 된 지식은 대만 회사들이 오매불망 원하는 것이다. TSMC의 보안정책은 철저하겠지만 피가 같고 말이 통하는 대만과 중국의 엔지니어들은 혈연, 학연, 동료 관계로 서로 얽히고설킨다. 이 회사 저 회사 옮겨 가며 근무하는 것도 비일비재하다. 사실 산업 클러스터 내에서 이직과 협력은 상시적이다. 비공식 아이디어 회의는 식당과 선술집, 야구장과 골프코스에서 늘 이어진다.

미국의 뉴저지와 실리콘밸리, 일본의 도쿄와 오사카, 우리나라의 수원과 구미 공단도 그러하다.

설상가상으로 미국 팹리스 기업의 경영진들도 이제 중국계가 허다하다. 엔비디아의 젠슨 황과 AMD의 리사 수는 대만계이고 브로드컴의 혹 탄 사장도 말레이시아계 화교다. 퀄컴은 TSMC와 대만 컴퓨터업체의 도움이 없다면 PC시장에 진입할 수도 없다. 애플은 폭스콘에 탈(脫)중국을 몇 년째 요구했지만 폭스콘은 그럴 생각도 능력도 없다. 애플의 제조원에 불과한 폭스콘이 거대한 전자부품 생태계를 인도나 멕시코에 독자 건설한다는 것은 거의 불가능한 일이다. 폭스콘은 삼성이 베트남에서 이룬 일을 하기 어렵다.

대만의 팹리스들은 중국의 휴대폰 제조업체의 대량 오더를 받으며 성장해 왔고 중국 반도체·전자산업은 대만을 스승으로 모신다. 홍콩 금융시장이 중국 산업발전의 자금줄이었다면 대만은 중국 전자산업의 왕관 속 보석(Crown Jewel)과 같다. 미국이 Chips & Science 법으로 온갖 규제책을 내놓고 있지만 대만과 중국이 산업적으로 한 몸이나 마찬가지인 지금, 시간은 중국 편이다. 중국은 지금 그대로의 대만을 가지고 싶지 왕관 속 보석에 흠집이 나는 것을 원하지 않을 것이다.

4. 대만을 어떻게 할 것인가?

영국 파이낸셜타임즈의 보도[1]에 따르면 2023년 4월 폰 데어 라이엔

---

1) 『Financial Times』, 2024년 6월 17일자, 4면 참조.

유럽 집행위원장이 베이징을 방문하였을 당시, 시진핑은 '미국이 중국에게 대만을 공격하도록 꼬드기고 있으며 자신은 그 미끼를 물지 않을 것'이라고 말했다고 한다. 중국제조 2025의 성공을 바란다면 산업적으로 북경은 대만을 공격할 이유가 없다.

중국이 대국굴기 하자면 산업이 있어야 한다. 1990년대 중반 일본이 자동차와 전자산업으로 우뚝 일어섰듯 중국이 전기차와 반도체 산업을 발전시킨다면 미국을 꺾고 세계 GDP 1위 국가가 될 수 있을 것이다.

전기차와 배터리는 2024 베이징 모터쇼에서 보았듯 원자재, 기술력, 상품성에서 이미 우위를 점했다. 문제는 수출시장인데 유럽이 그 후보가 될 것이다. EU는 중국 전기차 산업의 보조금을 문제 삼으며 관세율을 48%로 올렸다. 그러자 독일 경제부 장관 로베르트 하베크가 급히 베이징으로 날아가 고율 관세는 독일이 원한 것이 아니었다고 해명하는 해프닝이 벌어졌다.

결국 EU는 중국 전기차를 살 수밖에 없다. 독일은 중국 시장에서 폭스바겐 자동차를 팔아야 하고, 프랑스도 와인과 화장품을 팔아야 한다. 이탈리아도 가구와 양복 원단을 팔고 중국인 관광객들을 받아야 한다. 2억 5천만 명에 이른다는 중국의 신흥 중산층의 소비력 앞에 한 푼이 아쉬운 유럽 국가들은 무력하다. 중국 전기차와 배터리는 유럽시장에서 상당한 시장지위를 획득할 것이다.

이제 남은 것은 반도체·전자 산업이다. 지금 미국이 Chips & Science Act로 중국에 고성능 반도체와 장비 공급에 제동 걸고 있지만 파운드리 능력이 없는 미국 실리콘밸리의 대만 의존은 더 심해진다. TSMC는 미국 현지에 공장을 지을 것이라고 선전하지만 2027년이 되어도 미국 생산비중은 4%에 불과하다. 지금 91%인 대만 현지 생산은 2027년 85%선을 유지한다. 선단 공정일수록 대만 생산 비중이 더 높다.

대만 기업들은 또 중국 휴대폰, 전자업체들과 결혼한 상태다. 미국은 대만 기업들을 규제할 수는 있겠지만 자유시민인 대만인들을 일일이 쫓아다니며 감독할 수는 없다. 새롭게 떠오르는 AI PC의 경쟁 압박 속에 60년간 독야청청하던 인텔마저 TSMC에 손을 내밀었다. COMPUTEX 2024에서 미국인들은 분명히 보았을 것이다. 미국은 대만 반도체산업을 중국으로부터 분리해 낼 수 없다.

제국은 첨단기술을 외국에 의존하지 않는다. 가질 수 없는 것은 파괴해야 한다. 대만을 파괴하고자 하는 것은 미국이지 중국이 아니다. 시진핑은 그 말을 하고 있는 것이다.

5. 소위 안미경중(安美經中)에 대하여

과연 미·중은 대만을 두고 대규모 변란 사태를 일으킬 것인가? 안보 전문가들은 대만과 한반도 문제는 연결되어 있다고 주장하는데 우리는 어떻게 해야 하나? 외교안보 당국자와 전문가들 사이에서 심각한 논의와 준비들이 진행되고 있을 것이므로 여기서 논할 바는 아니다. 우리가 논의할 것은 대만 문제를 바라보며 경제적 측면에서 한중 관계를 어떻게 설정해야 하는가 하는 것이다.

일각에서는 미·중 패권경쟁이 심화되더라도 미국은 제조공장을 중국에 의존할 수밖에 없으므로 일정 수준에서 한중 협력관계는 불가피하고 우리도 중국과의 경제협력을 강화하는 방향으로 가야 한다고 주장한다. 과거 '안보는 미국, 경제는 중국'이라던 안미경중(安美經中) 버전 2이다.

그러나 중국과의 경제협력은 중국의 대국굴기를 돕지 않는 선에서 제한되어야 한다. 한때 모 정치인이 "파리가 말 등에 붙어 천 리를 가는 격"이라며 중국과의 경제협력을 적극 주장한 바가 있다. 지난 30년간 중국의 발전에 힘입어 우리 경제도 성장했지만 글로벌라이제이션이 종료되고 미·중이 대립하고 있다. 이제 더 이상 중국이 경제적으로 우뚝 선다는 것이 우리에게 번영의 기회를 의미하지는 않는다. 제국의 중심은 하나이고 나머지는 언제나 주변부일 뿐이다.

명·청 제국의 위세에 조선은 오백 년 동안 숨도 쉬지 못하였고, 현대 중국의 변경 국가 중에 제대로 된 나라는 거의 없다. 이는 동양적 천하관, 혹은 공산국가의 특수성 때문만은 아니다. 현대 자유세계도 마찬가지다. 대영제국의 최전성기에 아일랜드인들은 감자기근으로 굶어 죽거나 미국으로 도피하여 인구가 급감하였다. 미국도 남북 아메리카에 번영하는 대국이 등장하는 것을 항상 경계한다. 제국은 항상 중심부를 살찌우고 주변부를 쇠퇴시킨다. 그것이 영원한 제국을 유지하는 방법이기 때문이다.

우리가 사드 사태 때 경험하였듯 오늘 대중 협력 관계를 약화시키면 오늘의 사업이 어려워질 것이다. 그러나 시간이 흘러 후손들은 넓고 부유한 서구문명의 일원으로 독립과 자존을 인정받고 경제적으로 번영하는 대한민국에서 살게 될 것이다. 대만 COMPUTEX에서 미국을 포획하고 중국과 함께 번영하는 대만 반도체산업을 바라보며 그 오묘한 역설을 곱씹어 보았다.

참고문헌

1. 『현대차증권 대만 COMPUTEX 및 기업 방문 후기』, 2024.06.14. 발간 : 필자는 현대차증권 노근창 센터장님의 도움을 받아 대만 COMPUTEX 2024를 다녀왔다. 특히 이 글의 '2. AI혁명의 중심, 대만'은 이 자료에 힘입은 바 크다. 이 자리를 빌려 감사를 표한다.

10.
예정된 전쟁에 불씨를 댕긴 네타냐후

예정된 전쟁에
불씨를 댕긴 네타냐후*

김명수

2023년 10월 7일 팔레스타인 무장정파 하마스의 테러로 시작된 가자전쟁이 1주년을 맞아 중동 전역으로 번지고 있다. 애초에 오슬로 협정[1]의 '2국가 해법'은 팔레스타인의 하마스와 네타냐후가 이끄는 이스라엘의 리쿠드 당에게는 받아들일 수 없는 것이었다. 하마스의 도발에 이스라엘의 반격으로 가자지구가 폐허화되고 사망자가 4만 명 수준에 이르자 유럽과 미국에서 반이스라엘 시위가 일어났다.

이스라엘은 1948년 건국 이래 적어도 서구 사회에서만큼은 피해자이자 소수자로서 그들의 전쟁행위는 정당방위론에 근거한 자위권으로서 인정받아 왔다. 그러나 이번 가자전쟁은 이스라엘이 지난 70여 년간 쌓아 왔던 서구사회에서의 명성자본을 한꺼번에 날려 버리고 국제사회의 외톨이가 되는 외교 참사를 가져왔다.

---

* 본 에세이는 2024년 10월 10일 발표된 것이다.
1) 1993년 오슬로 협정에서 빌 클린턴 대통령의 중재로 이스라엘과 팔레스타인 해방기구는 '2국가 해법(2 State solution)', 즉 상호 공존을 합의한 바 있다.

이스라엘은 더 이상 약자가 아닌 팔레스타인 민족을 핍박하는 가해자로 그려지고 유대인들은 홀로코스트에서 받은 인종말살을 팔레스타인 민족에 가하려 한다는 비난에 휩싸였다. 결국 이스라엘의 목표는 유대인과 팔레스타인인(人)이 공존하는 자유민주국가가 아니라 유대인 순수 혈통의 종족국가를 건설하려는 것 아니냐는 의혹도 받게 되었다.

유럽과 미국에는 많은 무슬림들이 있고 특히 유럽에는 중동과 북아프리카 색깔혁명 이후 무슬림들이 대거 이주하여 이들의 정치적 영향력도 점점 강해지고 있다. 여기에 진보적 지식인들과 언론인, 대학생과 사회단체들이 가세하자 미국 민주당을 비롯해 많은 정치 지도자들까지 이스라엘을 비난하고 나섰다. 전 세계 유대 엘리트들과 이스라엘 국민들은 세계 곳곳에서 벌어지는 반유대 시위에 큰 충격을 받았다.

네타냐후 정부는 이러한 반유대주의 움직임을 한순간에 잠재워 버리는 거사를 감행했다. 바로 레바논의 헤즈볼라와 예멘의 후티 반군에 일격을 가하는 확전을 선택한 것이다. 하마스와 헤즈볼라와 후티 반군이 이란의 대리인이고 중동의 문제아란 것은 중동 및 서구사회가 모두 알고 있지만 건드릴 수 없는 뇌관이었다. 하마스는 이스라엘의 문제이고 헤즈볼라도 레바논 내부 문제이거나 확대해 봤자 이스라엘과의 분쟁일 뿐이다. 예멘은 홍해 길만 뚫리면 알 바 아닌 척박한 땅이다.

그러나 서구 사회는 레바논에서 1970년대 이후로 기독교인들에 대한 추방과 학살이 벌어지고 있다는 것을 알고 있었고 후티 반군이 내전을 넘어 사우디아라비아와 UAE의 정유시설 등을 공격한다는 것도

알고 있다. 후티 반군은 가자전쟁 이후 홍해 유역에서 서구국적의 상선들까지 공격하고 있다

서구 사회는 레바논에서 헤즈볼라의 학대를 이기지 못해 탈출한 기독교인들의 호소를 외면하였고 예멘 문제는 지역 문제로 치부하였다. 홍해를 방어해야 하지만 오히려 서구의 상선들에게 수에즈 운하 대신 희망봉을 돌아가도록 안내하고 있다. 덕분에 이집트는 운하 수입이 30%가량 감소하였다.

지역, 혈연, 종족, 종교가 난마처럼 얽힌 중동 지역에는 크게 보아 세 가지 위협이 있으니 첫째, 아랍 대 이스라엘 간 갈등, 둘째, 수니와 시아 간 갈등, 셋째, 군주정과 이슬람공화국 간 갈등이다. 그러나 어찌 보면 이스라엘 문제는 팔레스타인과의 지역 갈등에 지나지 않고, 수니·시아 간 문제는 역사적 경험에 근거한 미국의 흑백 갈등이나 동아시아의 한일 갈등과 유사한 다소 관념론적인 것이다. 이에 반해 군주정과 이슬람공화국간 갈등은 삶의 방식과 국가체제를 둘러싼 체제 대결이고 군주국의 지배자들에게 실존적 위협이다. 게다가 아랍과 페르시아의 대결이란 3,000년 묵은 싸움이기도 하다.

하마스, 헤즈볼라, 후티 반군은 반이스라엘이면서 반군주정이다. 이들은 이스라엘을 사멸시키려 하지만 보다 궁극적으로 군주정을 폐지하고 이란과 함께 중동지역에 이슬람공화국을 건설하고자 한다. 그리 된다면 이란은 이슬람공화정의 종주국으로서 호르무즈 해협의 좌우에 늘어선 유전들에 대한 지배권 내지는 영향력을 행사하게 되고 이는 세계

에너지 시장을 좌지우지하는 힘을 갖게 된다는 것을 의미한다. 1979년 이란 혁명 이후 그들이 추구해 온 혁명의 정당성을 과시하는 것이요, 미국의 경제제재 속에 고난의 행군을 이어 온 이란 국민들에게 복락을 선사할 수도 있게 된다.

이스라엘이 하마스에 이어 헤즈볼라와 후티 반군에 일격을 가하자 그동안 이들에 대해 수수방관하던 서구 사회는 물론이고 중동 군주국들도 놀라고 있다. 이스라엘에 대한 비난은 온데간데없고 서구 사회가 국내 정치적 문제와 현실적인 위험 때문에 감히 행동하지 못한 것을 이스라엘이 대신 수행하고 있는 것에 그 주밀함과 용맹함에 대해 칭찬이 이어진다.

중동의 군주국들도 중대 기로에 섰다. 이스라엘이 군주정을 위협하는 이란의 대리인들과 전쟁에 돌입하고 나아가 이란과의 일전불사를 예고하고 있으니 군주국들은 어떤 선택을 해야 할까? 군주국들에게 이슬람공화국은 도저히 받아들일 수 없는 체제이고, 따라서 이란은 체제전복 세력이다.

미국이 중동을 떠날 때를 대비해 사우디가 러시아와 중국과의 교류에 몰두하고 UAE는 프랑스와 동맹을 맺는다. 유전 위에 앉아 있는 UAE가 석유고갈 대비용이란 명목으로 우리나라 원전을 도입한 것이 핵개발 능력을 갖추기 위한 미래 포석임은 삼척동자도 아는 사실이다. 그만큼 부유하지만 인구가 희박하고 그나마 국민들의 정치적 지지가 약한 군주국들에게 이란의 위협은 현실적이고 이제 하마스, 헤즈볼라,

후티 반군을 통해 그 위협은 턱밑까지 도달했다.

스스로를 지킬 능력이 있는 이스라엘이 군이 아랍과 이란의 거대한 싸움에 끼어들 필요는 없지만 하마스와 헤즈볼라는 이스라엘에게 실존적 위협이 되었다. 이스라엘이 이란의 대리인들을 넘어 이란 본토를 공격한다면 앞으로 이스라엘은 그동안 아랍인들과의 상호공존 노력을 모두 무위로 돌리고 중동지역에 존재하는 모든 테러집단의 표적이 될 것이다. 바로 그 이유 때문에 서구 사회도 중동의 군주국들도 함부로 이 문제에 손을 대지 못한 것이다.

그러나 자유민주주의 국가의 지도자는 선거를 치러야 하고 네타냐후 총리는 선거를 지면 모든 것을 잃고 사법처리 될 것이다. 모가지가 9개란 별명을 가진 네타냐후 총리는 또 한 번 맞이한 정치적 위기를 돌파하기 위한 수단이 필요하고, 이스라엘을 끝없는 전쟁과 테러로 몰고 갈지도 모르는 이란과의 결전을 선택했다. 우리가 중국의 시진핑과 태자당의 예에서, 그리고 북한의 김정은의 예에서 보듯 국가와 국민의 안위보다는 자신과 정파의 이익이 항상 앞서는 것이 정치권력의 본성이다.

네타냐후가 보기에 중동의 군주국들과 이란이 상호 공존할 수 없다면 결국 전쟁은 언제냐의 문제일 뿐 예정된 것이다. 네타냐후는 그 뇌관에 불씨를 좀 일찍 댕긴 것일 뿐이다. 세계 에너지 시장에 큰 후폭풍을 몰고 올 이스라엘과 이란의 대결을 바라보며 중동지역에 에너지의 90%를 의존하고 있는 한국 경제가 이 사태를 심각하게 다루어야 하는 이유이다.

11.
미국이 가자전쟁에서 보여 준 것

미국이 가자전쟁에서
보여 준 것*

김명수

조지 H. W. 부시 대통령이 시작한 제1차 이라크 전쟁(1991.01.17.~02.26.)에서 미국이 선보인 스마트 전폭기, 토마호크 미사일 등 정밀 전자전 능력이 중국과 소련의 지도부를 충격과 공포에 빠트리고 이들을 개혁개방으로 나가게 하는 전기가 되었다는 것은 전쟁사가들에게 널리 알려진 얘기다. 중·소 양국의 지도부는 자신들의 기술수준으로 더 이상 미국과 경쟁할 수 없고 이대로 있다가는 미국을 도저히 따라잡을 수 없다는 것을 깨달았다.

충격에 빠진 소련은 급진적인 시장경제로의 전환을 꾀하다 그해가 가기 전에 소비에트 연방이 붕괴되었고(1991.12.26.), 중국은 1989년 천안문 사태의 상흔이 씻기기 전이었음에도 등소평이 남순강화(1992.01.18~02.22.)에 나서며 개혁개방의 재개를 독려하였다. 이라크전에서 전쟁 수행 능력의 격차로 전면전(All-out war)이 거의 불가능해졌다는 것을 깨달은 중동의 지하드 전사들은 대안을 준비해야 했다.

---

* 본 에세이는 2025년 2월 10일 발표된 것이다.

그 대안의 결정체가 2001년 9·11 테러였다. 충격에 빠진 미국은 알카에다를 지원하는 아프가니스탄 탈레반 정권을 축출하기 위해 침략에 들어갔고(2001년), 2003년 3월에는 후세인이 대량살상무기를 보유했을 것이므로 예방전쟁을 해야 한다는 명분으로 이라크 침공을 감행하였다(제2차 이라크전쟁). 미국이 이라크에서 철군하는 데는 8년의 세월이 걸렸고(2011년 철군) 아프가니스탄 전쟁도 철군까지 20년이 걸렸다(2021년 철군).

미국이 중동지역에서 행한 대테러 전쟁에서 미국은 과연 승리할 수 있을지 관전자들은 의심하였다. 이라크에서 8년 만에 철군한 결과는 ISIS의 준동이었고 아프가니스탄 철군의 결과는 탈레반 정권의 복귀였다. 미국은 중동지역에서 무한전쟁의 수렁에 빠졌고 비타협적인 지하드 전사들을 계속 쏟아 내고 있으며 여타 지역에서도 비슷한 방식의 저항이 솟아날 것이라는 우려가 득세했다.

그러나 2023년 10월 7일 하마스의 급습 이후 반격에 나선 이스라엘이 지난 1년 여간 보여 준 모습은 전 세계를 놀라게 했다. 하마스의 최고 지도자인 하니예(2024.07.31. 사망)와 신와르(2024.10.16. 사망), 헤즈볼라의 지도자 하산 나스랄라(2024.09.27. 사망)와 그 후계자 사피에딘(2024.10.24. 사망)이 거의 비슷한 시기에 암살된 것이다.

군사 지도자가 최전선에 나서야 했던 고대·중세시대의 전쟁과 달리 현대전은 지하 벙커의 워룸(War room)에 숨은 지휘관의 명령을 최전방의 병사들이 수행한다. 이것은 정규전이든 비정규전이든 테러전이든 동일하다. 전선의 병사들은 위험 속에서 사경을 헤매지만 지휘관들은 안전가옥에서 여가를 즐긴다. 제1차 세계대전 이후 재래식 무기를 사용한 강대국 간의 총력전들이 상상을 초월할 정도로 참혹했던 것은 모두 이 때문이었다.

여기에 종지부를 찍은 것이 핵무기의 등장이다. 핵무기는 가공할 파괴력으로 일선 군인들뿐 아니라 전쟁 지휘부에게도 위협적이다. 내가 죽을 수 있는 전쟁을 벌일 지휘관은 아무도 없다. 상호확증파괴를 위한 미·소 간 핵 군비경쟁은 아이러니하게도 전쟁을 방지하는 효과를 가져와 2차대전 후 강대국 간에 장기 평화가 가능하였다. 핵무기를 가진다는 것은 적국의 침략을 예방하는 것임을 이해하게 된 세계의 많은 정치 군사 지도자들은 따라서 핵무기를 열망해 왔다.

그러나 이스라엘은 대하마스, 헤즈볼라 전쟁에서 핵무기 없이도 안전가옥의 지휘관들을 제거할 수 있는 '능력'을 보여 주었다. 초토화작전이나 핵전쟁을 하지 않고도 상대국의 정권 교체(Regime change)가 가능해진 것이다. 모사드의 활약이 빛났지만 위성 등 전략자산과 정밀무기는 모두 미국산이다.

미국이 베트남전 퇴각(1975년) 이후 약 20년간 이룬 군사적 성과물을 1991년 제1차 이라크전에서 선보였다면, 9·11 이후 20년간 대테러전에서 미국이 어떤 능력을 계발하였는지 이스라엘을 내세워 전 세계에 보여 주었다. 이란이 제2차 이라크 전쟁 이후 수백억 달러를 들여 육성한 하마스, 헤즈볼라, 후티반군은 순식간에 몰락의 위기에 처했다. 이스라엘은 미국의 협력을 얻어 이란에 마지막 타격을 가할 준비를 하고 있다.

전 세계 정치 군사 지도자들은 자신의 병사가 아니라 자신이 언제든 표적이 될 수 있음을 알게 되었을 것이다. 이란의 종교 지도자 하메네이는 최근 공식석상에서 모습을 감추었다. 트럼프 행정부가 최근 북한의 핵무기 보유를 인정하는 듯한 발언을 하여 국내 언론이 놀라고 있지만 미국은 이미 핵무기를 구시대의 쓸모 없는 유물로 치부하고 있는 듯하다. 자신들의 전략자산과 정밀무기를 통해 언제든 상대국의 지휘부를 타격할 수 있기 때문이다.

과거 미국의 동맹이란 전쟁에서 같이 피를 흘리는 것을 의미했다면 트럼프 시대의 동맹이란 미국의 전략자산과 정밀무기를 돈을 주고 살 수 있는 자격으로 바뀌어 간다. 인간의 본성에 가까운 민족주의는 한때 반미를 유행처럼 만들고 독재정권을 유지하는 이념적 도구가 되었지만, 지금 반미의 우두머리가 된다는 것은 아주 위험한 일이 되었다. 미국은 정규전, 비정규전, 테러전, 대리전 등 그 어떤 형태의 충돌에도 대비할 수 있는 '능력'을 갖추었다. 약소국이라 할지라도 미국의 협조를 얻는다면 자신의 정치 군사적 목적을 달성할 수 있게 되었다. 세계의 정치 군사 지형이 급변하고 있다.

신용리스크의 관리

II

1.
건설업계는 연착륙에 성공할 수 있을까

건설업계는 연착륙에 성공할 수 있을까*

김가영

2022년 말 레고랜드 사태로 시작된 건설 PF 관련 우려는 이어진 2023년 1월 롯데건설 PF ABCP 차환 이슈, 2023년 8월, 9월, 10월 위기설을 넘어 12월 시공능력 16위 태영건설의 워크아웃 신청으로 최고조에 달했다. 정부는 '질서 있는 PF 정상화'에 계획에 따라 다각도의 지원책과 안정화 대책을 펼치며 위기관리에 나섰고, 덕분에 아직까지는 비교적 큰 파동 없이 지나가는 모양새다. 대부분의 건설회사는 여전히 회사채 발행을 잠정 중단한 상황이지만, 최근 회사채 시장의 수익률이 급격히 하락하면서 건설채에 대한 기관투자자들의 관심도 다시금 회복되는 모습이다. 건설업계는 이러한 지원 속에 안정적으로 연착륙에 성공할 수 있을까? 거대한 부실 PF은 무리 없이 해결되는 것인가?

1. 건설산업 리스크

우리나라 건설회사의 사업 영역은 지역별로 국내/해외, 공종별로 건

---

* 본 에세이는 2024년 11월 11일 발표된 것이다.

축/토목으로 나뉜다. 공종에 따라 국내 건축, 국내 토목, 해외 건축, 해외 토목 4개 영역으로 세분화되나 국내 건축과 해외 토목이 대부분의 매출 비중을 차지한다.

두 영역의 주요 리스크는 확연히 구분된다. 아니, 확연히 구분되어 왔다. 해외 토목 리스크는 대부분 원가율 급등에서 발생한다. 해외건설의 특성상 원자재 및 건설인력 조달 등에서 예상치 못한 변수에 빈번하게 노출되며 이에 대비하여 '공사 예비비'를 충분히 설정해 놓아야 하나, 수주가능성을 높이기 위한 저가 수주로 이 부분은 쉽게 무시된다. 이에 따라 공사 기간 중 생각하지 못했던 변수가 발생할 경우, 공사 손실이 발생하며 공사 기간이 길수록 손실규모는 확대된다.

국내 건축사업의 리스크는 분양 부진으로 인한 PF상환 및 공사비 회수 실패이다. 토지 매입/인허가/건축공사로 이어지는 국내 건축프로젝트 기간 동안 소요 비용의 상당 부분은 PF차입금 및 건설회사의 공사비 선투입을 통하여 조달되며, 건설물의 분양 및 분양대금 유입을 바탕으로 PF차입금, 관련 이자비용과 공사비 지급이 이루어진다. PF대출기관은 원리금 회수가능성을 안정적으로 구조화시키는 장치로 시공사의 책임준공[1]을 요구하며, PF차입금에 대한 연대보증 또는 채무인수도 빈번히 요구된다. 분양 및 분양대금 유입이 부진하여 공사비 회수를 못하는 경우 공사비에 대한 선투입 부담이 발생하며, PF차입금에 대하여

---

1) 책임준공은 천재지변, 내란 등 불가항력적인 경우가 아닌 한 어떠한 사유에도 불구하고 건설회사가 예정된 공사 기간 내에 대상 건축물을 준공해야 할 의무를 의미함. 분양률이 저조하거나 공사대금을 지급받지 못했다는 이유로 건설회사가 공사를 중단 또는 포기하면 프로젝트 진행이 불가능해지는바, 책임준공의무를 부담시켜서 건설회사의 항변을 차단함.

연대보증/채무인수 약정이 제공되어 있는 경우 시공사는 PF차입금까지 떠안게 된다.

프로젝트 규모, 공사 기간 등을 고려 시 개별 프로젝트당 손실은 해외 토목 프로젝트가 상대적으로 크다. 그러나 우리나라 건설산업에서 차지하는 비중과 발생 빈도, 국내 금융기관으로부터의 대출규모 등을 고려할 때 전체 금융 및 국내 경제에 미치는 영향은 국내 건축 프로젝트가 훨씬 더 크다.

2. PF차입금과 건설회사

2020년 말 92.5조 원 수준이던 금융권 PF대출 잔액은 가파르게 증가하며 2022년 말 130.3조 원, 2023년 말 135.6조 원[2]에 이르렀다. 2024년 6월 말 잔액은 132.1조 원으로 2023년 말 대비 겨우 3.5조 원 감소했다. 2022년 말 이후 주택경기 둔화 및 PF 리스크에 대한 우려 확산으로 신규 PF대출이 거의 발생하지 않고 있음을 고려할 때, 사업진행 등에 기반한 기존 PF대출 잔액 감소가 더딘 것으로 파악된다.

PF대출 잔액의 질도 악화되고 있다. 증권업계의 PF 고정 이하 여신 비율은 2023년 말 13.5%에서 2024년 6월 말 17.5%로 4%p 높아졌다. 저축은행과 상호금융은 각각 10.9%에서 29.7%, 5.1%에서 19.7%로 급증하면서 금융업권 전반의 PF 건전성 악화가 나타나고 있다. PF

---

[2] 토지담보대출 및 새마을금고 PF대출 미포함 금액, 전체 PF 익스포저는 2024년 6월 말 기준 216.5조 원임.

대출 연체율도 2024년 6월 말 증권업계 20%, 저축은행 12.5%로 2024년 들어 눈에 띄게 증가하였다.

아직 금융기관 PF대출 건전성 악화 및 연체율 증가가 건설회사에 직접적인 유동성 리스크 확대 요인으로 작용하고 있지는 않은 것으로 보인다. 일부 PF우발채무 현실화가 발생하고는 있지만 건설회사 유동성으로 감내 가능한 수준이다. 이에 따라 2022년 롯데건설에 Negative의 등급전망이 부여된 이후 'PF 우발채무 현실화 위험'으로 인한 건설회사의 신용등급 조정은 없었다.

금융당국은 2024년 5월 PF 부실사업장 정리를 위하여 구체적인 사업성 평가기준을 제시하였으며 8월 1차 평가결과를 발표하였다. 발표에 따르면 PF 익스포저 중 유의·부실우려 사업장 PF는 21조 원(브릿지론·토담대 16.9조 원, 본PF 4.1조 원)이며 이 중 건설회사가 책임준공 또는 신용보강을 제공한 PF 익스포저는 5.1조 원(브릿지론 1.0조 원, 본PF 4.1조 원)에 불과하다.

1997년 외환위기, 2008년 금융위기 PF 부실사태를 거치면서, PF 차입금은 건설회사 감사보고서에 표시 안 할 수 있는 방향으로, 부실이 발생하더라도 건설회사에 미치는 영향의 속도가 느린 방향으로 변모해 왔다. 외환위기 이전 건설회사의 직접 차입에서, 외환위기 이후에는 시공·시행 분리를 통하여 시행사에서 PF차입을 실행하고 건설회사는 지급보증하는 형태로, 2008년 금융위기 이후에는 지급보증보다 자금보충 또는 채무인수로 변화, 선호되었다.

연대보증은 부실 발생 시 즉각적으로 원채무자와 동일한 지급의무가 부여되는 반면, 채무인수는 기존 채무자, 채권자와의 합의가 필요하며 이 과정에서 만기 연장, 시행권 인수 등 일부 협의가 가능하다. 2015년 이후에는 더 나아가 책임준공 미이행 시에만 채무인수 하는 형태가 확대되었다. 2021년 이후 원자재가 급등, 자재 수급 및 인력부족 등으로 책임준공에 문제가 발생하기 전까지는 기한 내 준공을 못 하는 사례는 거의 없었고 이에 따라 '책임준공 미이행 시 채무인수'는 위험도가 낮은 우발채무로 분류되어 건설회사의 재무부담으로 크게 고려되지 않고 수주를 진행할 수 있었다.

그러나 실질적으로는 분양 및 분양대금 유입이 부진할 경우, 건설회사가 어떤 형태로 PF차입금에 신용보강을 제공하든, 즉, 직접 차입, 연대보증, 채무보증, 책임준공 미이행 시 채무인수 등 모든 형태의 신용보강이 건설회사에 미치는 최종 재무부담은 동일하다. 다만 채무인수 및 이보다 완화된 신용보강의 경우 협상을 통하여 일부 손실을 시행사와 금융기관에 전가할 수 있으며 또한 PF차입금 만기연장 등을 통하여 분양률 개선 시간을 확보할 수도 있다. 그러나 분양률 개선이 수반되지 않을 경우 사업지연에 따라 이자비용이 추가됨을 고려하면 오히려 건설회사의 최종 재무부담은 커지는 형태가 된다.

금융당국이 실시한 1차 PF 사업성 평가결과상 건설회사가 책임준공 또는 신용보강을 제공한 PF차입금은 대부분 '보통' 이상의 정상사업장으로 분류되어 있는 것으로 파악된다.[3] 그러나 '보통'으로 평가된 사업

---

[3] 전술한 바와 같이, 금융당국의 1차 사업성 평가 결과 건설회사가 책임준공 또는 신용보강을 제공한 유의·부실우려 사업장 PF는 5.1조 원(브릿지론 1.0조 원, 본PF 4.1조 원)에 불과함.

장의 일정 부분은 '사업성이 충분해서'라기보다 건설회사가 책임준공 또는 신용보강을 제공하고 있으니 사업을 중단하기보다 '대주단 및 이해관계자간 협의를 통해 공사를 계속 진행할 수 있음'이 고려됐을 것으로 판단된다. 건설회사 신용보강의 높은 비중을 차지하고 있는 '책임준공 미이행 시 채무인수'의 경우 낮은 신용보강 수준 등으로 인하여 ABCP로 유동화된 경우보다 상대적으로 금융기관이 직접 보유하고 있는 경우가 많은 점도 협의 가능성을 높이는 요인으로 작용한 것으로 보인다.

즉 현재 건설회사의 PF 우발채무 리스크가 큰 문제 없이 관리되고 있는 것은 대출기관과의 협의와 만기연장에 의존하는 바가 크다. 어쨌든 건설회사는 시간을 벌었다.

3. 건설회사는 연착륙에 성공할 수 있을까

건설회사는 벌어들인 시간 동안 진행 사업장의 사업성/분양률을 제고하여 PF차입금을 상환하고, 일부 부실 사업장의 운전자금 선투입 및 PF 우발채무 현실화에 대비하여 자본을 확충하고 유동성을 확보해야 한다.

당사 신용등급 보유 BBB급 이상 건설회사 합산기준 재무제표를 활용하여 건설회사 현황을 살펴보았다. 당사 신용등급 보유 BBB급 이상 건설회사는 시공능력순위 30위권 내의 회사로 전체 건설시장을 대표할 수는 없으나, 금융시장에 미치는 영향 측면에서는 거의 대부분을 차지한다는 점에서 분석에 의미가 있다.

첫 번째, 수익성이 저하된 수준을 지속하고 있다. 2024년 상반기 합산기준 EBIT마진율은 3.1%, 2023년 2.9%로 2023년 이후 추가 하락은 없었으나, 2021년 6.6%, 2022년 4.9% 수준을 상당 폭 하회하고 있다. EBITDA/금융비용은 2023년, 2024년 상반기 모두 2.9배로 건설평가방법론상 투자등급 하단인 BBB급 수준이다.

공사원가 급등기 이전 수주하여 원가율이 상승한 공사의 상당 부분이 2024년 완공되고, 2023년 이후 원자재가 인상을 반영하여 수주한 건들이 개시됨에 따라, 추가적인 원가율 상승은 제한적일 것으로 판단된다. 그러나 레미콘/시멘트 가격, 인건비 등 전반적인 원자재 가격이 여전히 높은 수준을 지속하고 있으며, 규제 지역의 경우 분양가상한제 등 분양가격 규제, 비규제지역의 경우 경기침체에 따른 분양가격 하락, 분양 촉진 비용 부담 등으로 2022년 이전 수준의 원가율 확보에는 어려움이 있을 전망이다.

두 번째, 순차입금의 확대와 PF 우발채무 정체이다. 2024년 6월 말 순차입금은 16.7조 원으로 2023년 말 11조 원 대비 5.7조 원 증가하였으며, 우발채무 규모는 30조 원(책임준공 제외) 수준에서 축소되지 못하였다.

순차입금의 확대는 운전자금 부담 확대에 기인한다. 전반적인 운전자금 회전 기간 증가와 더딘 PF 우발채무 감소는 분양 프로젝트로부터의 분양대금 유입 지연을 의미한다. 또한 건축/주택공사의 미청구공사 금액과 비중이 확대되고 있는 점은 눈여겨볼 필요가 있다. 운전자금 회전 기간과 미청구공사 금액 증가가 반드시 회수 가능성 저하를 의미하는 것은 아니다. 현장별 공사비 청구/회수 조건에 대한 검토가 필요하다. 다만 과거 해외건설 프로젝트의 대규모 손실이 초반 미청구공사가 누적되다 준공 시점에 이르러 뒤늦게 공사원가 조정, 원가율 상승분을 일시 반영하면서 미청구공사를 대거 대손 처리한 경험에 비추어 볼 때, 과거 평균을 상회하는 주택/건축부문 미청구공사 증가는 준공 시점 원가율 조정 및 손실 인식이 발생할 가능성을 배제할 수 없다.

주요 건설회사 건축/주택부문 미청구공사 금액 및 비중 추이 (단위: 억 원, %)

구분		계약자산(미청구공사)						매출	
		2024.06.		2023.12.		2021.12.		2024년 1H	
		금액	비중	금액	비중	금액	비중	금액	비중
현대건설	건축/주택	31,469	55.0%	25,574	47.9%	8,820	27.2%	115,920	67.5%
	전체	57,242		53,352		32,474		171,665	
디엘이앤씨	건축/주택	6,548	74.4%	6,416	72.1%	6,679	69.0%	24,363	61.5%
	전체	8,800		8,893		9,684		39,608	
포스코이앤씨	건축/주택	9,081	56.0%	10,708	66.0%	4,563	42.3%	27,321	54.2%
	전체	16,223		16,223		10,790		50,402	
롯데건설	건축/주택	16,187	91.1%	12,327	85.7%	12,005	87.1%	27,486	68.7%
	전체	17,766		14,380		13,777		40,009	
GS건설	건축/주택	8,231	64.3%	6,483	54.1%	3,163	33.3%	49,193	77.2%
	전체	12,801		11,991		9,489		63,681	
대우건설	건축/주택	9,976	61.7%	6,735	52.0%	5,290	56.3%	34,754	65.5%
	전체	16,175		12,955		9,399		53,088	
합산	건축/주택	81,491	63.2%	68,241	57.9%	40,520	47.3%	279,037	66.7%
	전체	129,007		117,794		85,613		418,452	

자료: 각사 감사보고서

마지막은 신규 착공/분양 위축이다. 금융위기 당시 PF 리스크는 미분양주택수 증가로 시작되었다. 2008년 미분양주택수가 적체되기 시작하였고 2009년 3월 최고치를 기록한 이후 2010년부터 PF대출 연체율이 크게 상승하였다. 분양가상한제 시행과 경기악화 전 밀어내기 식으로 분양한 주택의 미분양이 문제되었다.[4] 그러나, 2024년 8월 미분양주택수는 6만 7,550호로 20년 장기 평균인 7만 호를 하회하는 수준이다.[5] 2023년 초에는 사업 진행에 문제가 생기면서 분양물량이 줄어 오히려 미분양이 감소하는 현상이 나타났으며, 2024년 하반기 들어 지속 분양 연기가 불가한 프로젝트가 일부 착공되며 미분양주택수가 증가하는 모습이나 아직 증가속도가 빠르지는 않다.

분양 경기에 기반한 분양 연기 및 미분양주택수 규모 관리는 리스크 관점에서 긍정적이나, 사업기반 확보 측면에서 문제가 발생한다. 또한 고금리하에서 사업 지연은 금융 부담 증가로 인한 사업성 저하로도 귀결된다.

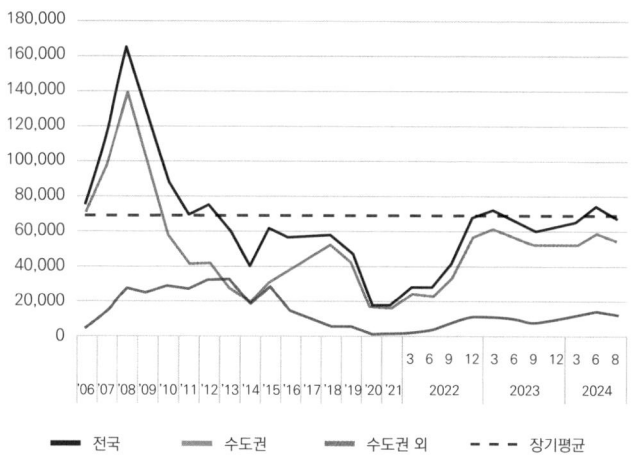

미분양주택수 추이 (단위: 호)

4) 금번 PF차입금 위기는 미분양 증가가 아니라 PF차입금 차환 리스크에서 시작되었음.
5) 참고로 2009년 3월 말 미분양주택수는 16.6만 호였음.

건축 착공 추이 (단위: ㎡)

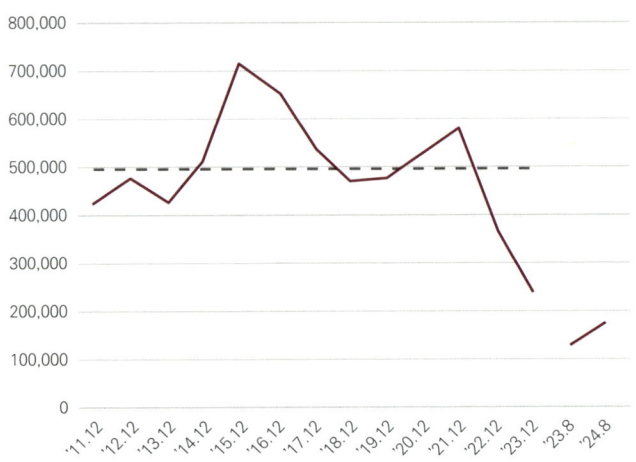

자료: 국토교통부

4. 연착륙을 위해서는 선제적인 조치 필요

이러한 사유로 건설회사의 자본확충 및 유동성 확보에는 시간이 소요될 전망이다. 금융기관과 협의가 필요한 시간이 길어진다는 의미이다.

금융당국은 금융기관의 적극적인 충당금 설정과 선제적인 자본확충 등을 통하여 금융기관의 PF차입금을 관리하고 있으며, 이는 PF 리스크의 중견 이상 건설사로의 이전을 지연시켜 주는 역할을 하고 있다. 최근 유의 및 부실우려 사업장의 빠른 경공매 진행 추진도 이러한 노력의 일환으로 보인다. 경공매 확대로 일부 시행사 및 중소건설사의 부도가 발생할 수 있으나, 금융기관이 경공매를 통하여 회수한 자금은 '보통' 이상으로 분류되었으나 '사업성이 충분하지 않은' 사업장의 브릿지론/본PF에 만기연장에 사용되면서 여타 건설회사의 시간 확보에 도움을 줄 수 있을 것으로 보인다.

그러나, 금융기관의 시간과 자원은 한정적이다. 채권자 간 의견 조율 등의 이슈로 경공매를 통한 자금회수가 지연되고, 고금리하에서 '사업성이 충분하지 않'으나 '보통'으로 분류되었던 사업장의 분양 부진이 장기화됨에 따른 금융기관의 부담 확대는 결국 건설회사 유동성 위기로 전이되며, 지연된 기간만큼 위기 전이 속도는 매우 빠를 것이다.

건설회사의 연착륙을 위하여, 정부차원에서는 지방경기 활성화, 대규모 주택공급 추진 등 건설회사의 분양촉진 및 신규 사업기반 확보에 직접적인 도움을 줄 수 있는 대책을 보다 적극적으로 추진하고, 건설회사 자체적으로는 위기에 대비한 유상증자, 회사채 발행, 해외은행 차입 등을 통한 선제적인 유동성 확보가 절실한 시점이다.

5. 이번 위기가 지나면 다음번에는

사업계획부터 준공까지 장시간이 소요되는 건설산업 특성상 부동산 경기 변동에 따른 리스크 발생은 불가피하다. 국내 부동산 개발사업의 저자본-고차입 구조는 다른 나라 대비 경기변동에 민감하게 반응하며, 그에 따른 재무 부담도 크다. 현재 자금조달 구조하에서 건설회사(시공사)가 1차적으로 재무 부담을 지게 되며, 나아가 금융기관 및 시스템 리스크로 전이될 수 있다.

정부는 이를 개선하기 위하여, 법규 개정 등으로 시행사의 자본 참여를 확대하는 직접 규제와, 시행사의 자본투입 비율에 따라 PF 사업의 등급을 정하는 간접 규제를 종합적으로 검토 중이다. 궁극적인 목표는 건설회사에 대한 신용 의존도를 줄이는 것이다.

2011년 저축은행 사태 이후 신용보강 기관과 방법이 다양해졌지만, 여전히 건설회사의 신용도 및 책임준공의무, 즉, 건설회사 신용도에 기반하여 준공이 확약된 건설물은 부동산 PF대출에 있어서 핵심이다. 국내에서 건설회사에 부여하고 있는 '책임준공 확약'은 천재지변, 내란 등 불가항력적인 경우가 아닌 한 어떠한 사유에도 불구하고, 즉 분양률이 저조하거나 공사대금을 지급받지 못하더라도, 공사를 중단 또는 포기해서는 안 된다는 것이다. 이러한 확약이 일견 불공정해 보일 수 있지만, 건설회사는 이를 양질의 수주 물건을 선점하고 시공 마진을 높이는 도구로 활용한 측면도 있는 것으로 보인다.

PF 리스크의 반복을 개선하기 위해, 건설회사 신용도에 전적으로 의존하는 책임준공 의무의 완화가 필요하다. 다만 이로 인한 금융기관 PF대출의 급격한 위축과 건설회사의 수주 감소에 대비하여야 한다. 금융기관은 건설회사에 의존하지 않는 금융 모델을 개발해야 한다. 이 과정에서 타 기관에 대한 신용보강 비용을 추가되고, 건설회사에 대한 이익 배분 비중이 감소할 수 있다. 건설회사에 대한 이익 배분 비중이 감소할 수 있지만, 배분 금액이 줄어들지 않도록 하여 건설회사의 적극적인 사업 참여를 유도하기 위해서는 적정한 시공 마진을 보장해야 한다. 분양가상한제 등 분양가 규제 완화 및 분양가격 현실화도 함께 검토해야 할 것이다. 이번 위기가 지나면 향후에는 같은 부동산 PF 리스크는 반복되지 않기를 기대해 본다.

2.
은행계 금융회사는 보수적인가

은행계 금융회사는
보수적인가*

이혁준

1. 은행계 금융회사의 신용등급 변동

금융업권의 2024년 신용등급 변동은 하향조정이 상향조정보다 크게 우세했다. NICE신용평가 기준 신용등급 또는 등급전망이 상향조정된 기업이 6개사, 하향조정된 기업이 20개사였다. 2023년 상향조정 4개사, 하향조정 7개사였던 것과 비교해 보면 하향조정 우위가 더욱 강해졌다. 실적 저하의 주된 원인인 부동산 PF(Project Financing)가 증권, 캐피탈, 부동산신탁, 저축은행 4개 업종에 광범위하게 영향을 미쳤기 때문이다.

금융업권의 2024년 신용등급 변동 기업 중 하향조정 명단을 살펴보면 특이한 점이 눈에 띈다. 최근 10년간 하향조정 사례가 거의 없었던 은행계 금융회사가 5개나 포함되었다는 것이다. 업종은 은행, 증권, 부동산신탁, 저축은행으로 고르게 분포되어 있다.

---

* 본 에세이는 2024년 10월 14일 발표된 것이다.

은행의 경우 한국씨티은행을 AAA에서 AA+로 하향조정했다. 소비자금융사업부문의 단계적 폐지로 인한 지속적 자산 감소와 시장지위 저하를 반영하였다. 증권, 부동산신탁, 저축은행 4개사의 경우 모두 부동산금융 투자실패로 2023년 또는 2024년 대규모 적자 전환했다는 것이 공통점이다. 2023년 하나증권(AA/Stable → AA/Negative)은 3,187억 원, KB부동산신탁(A2+ → A2)은 841억 원, KB저축은행(A/Stable → A/Negative)은 936억 원의 순손실을 시현하였다. 2024년 1~9월 신한자산신탁(A2 → A2-)은 1,785억 원 순손실로 적자 전환하였다.

하나증권과 KB저축은행은 대규모 손실을 보전하기 위한 유상증자가 시행되지 않았다. KB부동산신탁은 KB금융지주로부터, 신한자산신탁은 신한금융지주로부터 유상증자 지원을 받았으나 그 규모는 누적 순손실액을 하회하는 수준이었다.

2. 은행계 금융회사는 보수적인가

언론사와 인터뷰를 하다 보면 "은행계 금융회사는 비은행계 금융회사보다 경영기조나 리스크관리가 아무래도 더 보수적이죠?"라는 질문을 종종 받는다. 그럴 때마다 "아니요. 오히려 반대인 경우가 많습니다."라고 답변한다.

NICE신용평가는 2024년 하반기 크레딧 세미나에서 증권업에 대해 이미 신용등급 하향조정이 진행 중인 중소형사와 더불어 자기자본

1~4조 원 규모 대형사 중 5개사의 모니터링을 강화하겠다고 발표하였다. 5개사 중 3개사가 은행계 증권사다. 모니터링 강화 증권사는 부동산금융 사업비중이 높고, 최근 수익성이 저하되었으며, 부동산경기 호황기에 신용등급이 상향조정되었으나 당시 수준의 수익창출력을 보여 주지 못한다는 특징이 있다. 모두 '고위험 고수익(High Risk High Return)' 경영기조를 가진 증권사다.

신용카드업은 오랫동안 지배주주 변경 사유 외에는 신용등급 변동이 없었던 무풍지대였다. 그러나 최근 내수경기 둔화로 인해 연체율이 계속 상승하며 신용위험이 점점 커지고 있다. 신용카드업계의 연체율은 2009년 이후 내내 1%대를 유지해 왔는데 최근 2%를 넘어서는 신용카드사가 나타나기 시작했다. 2024년 6월 말 기준 7개 전업 신용카드사 중 3개사의 연체율이 2%를 상회한다. 3개사 모두 은행계 신용카드사다. 3개사 중 1개사에 대해서는 글로벌 신용평가사인 무디스가 이미 2024년 상반기 중 등급전망을 Stable에서 Negative로 하향조정한 바 있다. 반면, 비은행계 신용카드사 3개사는 모두 여전히 연체율을 1%대로 관리 중이다.

캐피탈사는 업계 전체적으로 순이익이 감소하는 가운데 적자로 전환하는 회사가 증가하고 있다. 2024년 상반기에는 신용등급 보유 33개 캐피탈사 중 5개사가 대손준비금 반영 조정이익 기준으로 순손실을 시현했다. 5개사 중 은행계 캐피탈사는 1개사인데, 순손실 규모가 468억 원으로 가장 크다. 2024년 6월 말 기준 자기자본 대비 부동산 PF 비율이 100%를 상회하며, 요주의이하여신비율도 15%대에 달한다. 글로벌 신용평가사인 S&P는 2024년 하반기 중 이 캐피탈사의 등급전망을 Stable에서 Negative로 하향조정했다.

부동산신탁업계는 은행계 부동산신탁사 중심으로 수익성 저하가 심화되고 있다. 부동산신탁업계는 2024년 상반기 순손실 2,468억 원으로 적자 전환하였다. 은행계 부동산신탁사 2개사가 각각 1,751억 원과 1,058억 원의 순손실을 시현한 데 기인한 것이다.

저축은행업계는 은행계 저축은행이 7개사가 있는데 이 중 6개사가 2023년 적자 전환하였다. 2023년 총자산순이익률(ROA)은 저축은행업계 전체가 -0.4%인 반면, 은행계 저축은행 7개사는 -1.6%로 훨씬 더 저조하다.

이러한 팩트를 확인하고 나면 은행계 금융회사에 대해 의문을 가지게 된다. 은행은 매우 보수적인 경영기조와 엄격한 리스크관리 시스템에 따라 운영되고 있다. 그런데 관계사인 은행계 금융회사는 왜 이렇게 공격적이고 위험선호적인 경영을 해 온 것일까?

3. 은행에게 다가오고 있는 겨울

일부 은행계 금융회사를 지켜보면 뒷감당을 걱정하지 않고 무리하게 일을 벌이는 부잣집 도련님 같은 느낌을 받을 때가 있다. 투자에 실패해서 큰 손실이 나도 부유한 부모가 보전해 줄 거란 믿음을 갖고 위험도가 높은 사업을 서슴없이 확대한다. 투자자 역시 같은 생각으로 깊은 고민이나 분석을 하지 않고 쉽게 자금을 빌려주니 항상 유동성도 좋다. 그러나 부모의 재산과 지원능력은 영원불멸하게 견고한 것이 아니다. 부자가 영위하는 사업도 상황에 따라 부침이 발생할 수 있다.

국내 은행은 2021년부터 금리상승을 기반으로 3년간 역대 최고 순이익을 계속 갱신해 왔다. 하지만 이제 사업환경이 달라지고 있다. 2024년 하반기 미국 연방준비제도(Fed; Federal Reserve System)와 한국은행이 기준금리 인하를 시작했다. 인플레이션을 잡기 위한 고금리 정책을 마감하고 이제 중립금리를 향해 단계적으로 기준금리를 인하해 나갈 것이다. 그렇다면 앞으로 무슨 일이 벌어지게 될 것인가.

역사는 반드시 동일하게 반복되는 것은 아니지만 참고를 위해 과거 사례를 돌아본다. 2008년 글로벌 금융위기가 발생하자 한국은행은 경기를 부양하기 위해 기준금리를 5.25%에서 2.0%까지 인하했다. 이후 경기는 회복되었지만 저금리로 인해 인플레이션이 발생했다. 소비자물가지수(CPI; Consumer Price Index) 상승률이 4.7%까지 치솟았다. 한국은행은 고물가를 잡기 위해 2010~2011년 기준금리를 2.0%에서 3.25%까지 인상했다. 그 과정에서 부동산 PF 잠재부실이 현실화하며 2011년 저축은행 사태가 터졌다. 소비자물가지수는 다시 하락했다. 물가가 잡히고 경기가 둔화하자 한국은행은 2012~2013년 기준금리를 3.25%에서 2.5%로 인하했다.

국내 은행은 이익의 90% 내외가 이자이익으로 구성되어 금리변동에 매우 민감한 이익구조를 갖고 있다. 금리상승기에는 순이자마진(NIM;

Net Interest Margin)이 확대되어 이익이 증가하고, 금리하락기에는 반대로 NIM이 축소되며 이익이 감소한다. 기준금리를 인하한다는 건 경기가 좋지 않아 부양이 필요하다는 의미이기도 하다. 경기가 부진하면 연체율이 상승하고 대손비용이 증가한다. 이자이익이 감소하는 가운데 대손비용까지 증가하면 은행은 더욱 어려워진다.

2010~2013년 기준금리의 변동에 따라 은행의 실적은 크게 달라졌다. 기준금리를 2.0%에서 3.25%로 인상하자 은행의 순이익은 2009년 6.9조 원에서 2011년 14.4조 원으로 증가했다. 총자산순이익률(ROA)은 0.4%에서 0.8%로 상승했다. 기준금리를 3.25%에서 2.5%로 인하하자 은행의 순이익은 2011년 14.4조 원에서 2013년 4.5조 원으로 감소했다. ROA는 0.8%에서 0.2%로 하락했다.

한국은행은 2024년 10월과 11월 기준금리를 연속으로 인하했다. 기준금리는 3.5%에서 3.0%로 낮아졌다. 거시경제 환경을 감안할 때 2025년에도 기준금리 인하가 좀 더 이어질 것이다. 은행에게 겨울이 다가오고 있다.

4. 은행계 금융회사에게 필요한 것

최근 수년간 은행의 실적이 계속 좋아지는 과정에서 은행계 금융회사는 고위험 사업을 크게 확대했다. 은행이라는 든든한 뒷배가 버티고 있음을 믿고 그렇게 했을 것이다. 그러나 이제는 환경이 달라졌다. 기준금리 인하가 시작되었다. 은행은 실적 저하압력을 받게 될 것이다.

은행계 금융회사는 앞으로 은행의 재무적 지원능력이 약화될 수 있음을 염두에 두어야 한다. 은행의 지원 없이도 스스로 생존할 수 있는 능력과 리스크관리 시스템을 갖추어야 할 것이다. 도와줄 재력가 부모가 없기에 더 절박하고 치열하게 리스크관리를 해 왔던 비은행계 금융회사를 벤치마킹할 필요도 있다. 어쩌면 진정한 실력자는 그들이었을 수도 있기 때문이다.

3.
기한이익상실 관련 공시의 실효성 제고

기한이익상실 관련 공시의 실효성 제고*

서찬용

1. 들어가며

금융투자협회 채권공고에 기한이익상실 유형으로 2023년 19건, 2024년 18건이 공시되어 있다. 회사채에 대한 기한이익상실 관련 사안은 등급감시리스트 등재를 비롯한 등급조정을 반드시 수반하는 것은 아니지만, 중요한 크레딧이벤트임에 틀림없다. 그러나, 기한이익상실 관련 사안이 외부에 효과적으로 공시되고 있지 않고 있다. 해당 사채 보유자가 가장 직접적인 이해관계자이지만, 여타 투자자 역시 기한이익상실 관련 사안 발생에 중요한 영향을 받을 수 있어 기한이익상실 관련 공시제도에 대한 정비가 필요하다.

2. 기한이익상실이 가지는 의미

채권자는 기한이익에 따라 채권의 만기가 도래하기 전에는 채무자에게 채무이행을 청구할 수 없으나, 채무자의 채무 상환의 기초를 상실

---

* 본 에세이는 2024년 12월 3일 발표된 것이다.

하게 하는 일정한 사유가 발생하는 경우 채무자는 기한의 이익을 주장할 수 없게 된다. 기한이익이 상실되는 즉시 변제기가 도래하고, 채무를 상환하여야 한다. 일각에서는 기한이익이 상실되면 그 시점으로부터 채무의 상환과 관련한 구체적인 협의가 진행되고, 해당 채무의 상환이 불가능한 것으로 결론이 나면 후속적으로 신용등급에 반영하는 것으로 보는 시각이 있기는 하다. 그러나, 기한이익의 상실은 그 즉시 변제기가 도래하고, 변제기에 원리금을 상환하지 못하면 해당 채무에 대한 채무불이행 상태로 부도로 간주되어야 한다. 다만, 변제의 유예기간이 있는 경우에는 유예기간을 감안하여 채무불이행 여부를 판단한다.

이러한 점은 사채관리계약서 또는 인수계약서에서 확인할 수 있다. 표준무보증사채 사채관리계약서(이하 '표준사채관리계약서')에는 기한이익상실사유 발생 즉시 기한이익이 상실되거나, 기한이익상실선언에 의해 기한이익이 상실되면, 발행회사는 원금전액과 기한의 이익이 상실된 날까지 발생한 이자 중 미지급액을 즉시 변제하는 것으로 규정되고 있다. 때로는 원리금 지급기일을 기한이익상실 사유 발생일로 하는 경우도 있다.

이에 따라 기한이익상실 또는 기한이익상실 선언은 그 즉시 해당 채권의 부도를 의미하는 크레딧이벤트이다. 다만, 채무자의 상환능력과 상환의지가 있는 상태에서 일시적, 기술적 채무불이행이 나타나고 기한이익상실 사유가 치유된 경우에는 실질적인 부도로 판단하지 않고 있다. 이 경우에는 일반적으로 5영업일 동안의 유예기간(Grace Period)을 두고 진행 상황을 관찰하며, 사채 발행조건에 명시된 유예기간과 금융관행도 함께 고려한다.

3. 기한이익상실 관련 사안 발생의 유형

금융거래에 있어서 일반적인 거래에서의 기한이익상실에 비해 좀 더 광범위하고, 정교하게 기한이익상실에 대해 당사자가 합의하여 규정하고 있다. 기한이익상실에 대한 규정도 특정 사유 발생 시 기한이익이 즉각 자동으로 상실되어 변제기가 도래하는 것으로 간주하는 정지조건부의 기한이익상실과 특정 사유가 발생한 경우 채권자의 기한이익상실을 선언하는 구체적인 행위가 있어야 변제기가 도래하는 것으로 간주하는 형성권적 기한이익상실이 있다. 통상 전자는 '기한이익 즉시 상실', 후자는 '기한이익상실선언에 의한 기한이익상실'로 지칭되고 있다.

기한이익 즉시 상실로 간주되는 경우로는 파산 또는 회생절차 신청, 해산, 휴업 또는 폐업, 어음부도, 당좌거래정지, 지급불능 또는 지급정지 상태인 경우, 다른 사채 또는 금융채무에 관한 기한의 이익을 상실한 경우, 기업구조조정촉진법에 따라 부실징후기업으로 통보받거나, 관리절차가 개시 또는 신청한 경우, 중요한 영업에 대해 정지 또는 취소처분이 내려진 경우, 부채가 자산을 초과하여 채권재조정의 필요성이 인정되는 경우 등이 있다.

기한이익상실 선언에 의한 기한이익상실의 경우에는 사채권자와 사채관리회사가 사채권자집회의 결의에 따라 발행회사에 서면통지하여 기한이익상실을 선언할 수 있다. 그 사유로는 재산의 전부 또는 중요부분에 대하여 가압류, 가처분이 선고된 경우, 특정 조건을 충족하는 담보권을 설정하거나, 지급보증을 제공하는 경우, 부채비율이나 이자

보상배율 등 중요 재무비율에 대한 조건을 위배하는 경우, 신용등급이 변경되는 경우, 소속 계열이나 지배주주가 변경되는 경우 등이 있다.

다만, 기한이익상실이 채권자의 채권 회수를 위한 수단이기는 하나, 채권자의 이익에 부합하지는 않는 경우도 있음에 따라 사채권자집회의 결의 등을 통해 기한이익상실 원인사유의 불발생으로 간주하거나, 기한이익상실을 취소할 수 있도록 규정하는 것이 일반적이다. 이러한 점은 기한이익상실 시에 즉각적인 부도처리를 하지 않고, 신용등급 결정에 있어서 유예기간을 부여하는 주요 요인으로 작용하고 있다.

표준사채관리서 상 기한이익상실 관련 하자 치유 및 취소

일자	내용
제1-2조(사채의 발행조건) 14. 기한의 이익상실에 관한 사항 나. '기한의 이익상실에 대한 원인사유의 불발생 간주'	(1) 사채권자는 다음 중 어느 하나의 요건을 충족할 경우 "갑"[주1] 및 "을"[주1]에게 서면으로 통지함으로써 기발생한 '기한이익상실원인사유'를 발생하지 않은 것으로 간주할 수 있다. 단, 가. (2) (가)[주2]의 경우에는 (가)에 정해진 방법에 의하여서만 이를 행할 수 있다. (가) 사채권자집회의 결의가 있는 경우 (나) 단독 또는 공동으로 '본 사채의 미상환잔액'의 3분의 2 이상을 보유한 사채권자의 동의가 있는 경우
제1-2조(사채의 발행조건) 14. 기한의 이익상실에 관한 사항 다. 기한의 이익상실의 취소	사채권자는 다음의 요건이 모두 충족된 경우에는 사채권자집회의 결의를 얻어 "갑" 및 "을"에게 서면으로 통지함으로써 기한의 이익상실을 취소할 수 있다. (가) 기한의 이익상실로 인하여 지급기일이 도래한 것으로 간주되는 원리금 지급채무를 제외하고, 모든 '기한이익상실사유' 또는 '기한이익상실 원인사유'가 치유되거나 불발생한 것으로 간주될 것 (나) ㉠ 지급기일이 경과한 이자 및 이에 대한 제2-1조 제3항의 연체이자(기한의 이익상실선언으로 인하여 지급하여야 할 이자는 제외한다.)와 ㉡ '기한이익상실사유' 또는 '기한이익상실 원인사유'의 발생과 관련하여 "을"이 지출하였거나 지출할 비용의 상환을 하기에 충분한 금액을 "을"에게 지급하거나 예치할 것

주1) "갑"은 발행회사, "을"은 사채관리회사
주2) 원금의 일부를 상환하여야 할 의무 또는 기한이 도래한 이자지급의무를 불이행하여, 통지한 변제유예기간 내에 변제하지 못한 경우

4. 기한이익상실 관련 사안의 공시

표준사채관리계약서에는 기한이익상실 시 사채관리회사가 즉시 공고하도록 하고 있으며, 기한이익상실 원인사유가 발생하여 계속되는 경우 사채관리회사는 이를 알게 된 때로부터 7일 이내 공고하도록 하고 있다. 그러나, 기한이익상실 시 발생 여부 확인이 현저히 곤란한 경우에는 알게 된 때 즉시 공고할 수 있도록 하고 있어 사채관리회사의 공시 의무를 완화시켜 주고 있다.

기한이익상실 원인사유 발생 시에도 사채관리회사의 공시 의무를 알게 된 때로부터 기산하고 있으며, 공고하지 않는 것이 사채권자의 이익이라고 합리적으로 판단하는 경우 공고하지 않도록 하고 있어 기한이익상실 시보다 공시 의무가 광범위하게 완화되고 있다.

비록 표준사채관리계약서에는 발행회사는 기한이익상실사유 발생 또는 기한이익상실 원인사유 발생 시 지체 없이 사채관리회사에 통지하도록 하고 있으나, 이 또한 통지 사유의 해당 여부에 대한 판단의 주체를 발행회사에 부여하고 있다. 채권에 대한 기한이익상실 사유 발생 또는 기한이익상실은 회사 신인도에 중요한 영향을 미치는 사안이기는 하나 사채관리회사나 발행회사의 사정이나 판단에 따라 외부에서 파악되지 않을 우려가 있다.

표준사채관리서 상 기한이익상실 관련 공시 규정

일자	내용
제4-3조(사채관리회사의 공고의무)	① "갑"[주1]의 원리금지급의무 불이행이 발생하여 계속되고 있는 경우에는, "을"[주1]은 이를 알게 된 때로부터 7일 이내에 그 뜻을 공고하여야 한다. ② 제1-2조 제14호 가목 (1)[주2]에 따라 "갑"에 대하여 기한이익이 상실된 경우에는 "을"은 이를 즉시 공고하여야 한다. 다만, 발생한 사정의 성격상 외부에서 별도의 확인조사를 행하지 아니하거나 "갑"의 자발적 통지나 협조가 없이는 그 발생 여부를 확인할 수 없거나 그 확인이 현저히 곤란한 사정이 있는 경우에는 그렇지 아니하며 이 경우 "을"이 이를 알게 된 때 즉시 그 뜻을 공고하여야 한다. ③ 제1-2조 제14호 가목 (2)[주3]에 따라 '기한이익상실 원인사유'가 발생하여 계속되고 있는 경우에는, "을"은 이를 알게 된 때로부터 7일 이내에 그 뜻을 공고하여야 한다. ④ "을"은 "갑"에게 본계약 제1-2조 제14호 라목[주4]에 따라 조치를 요구한 경우에는 조치 요구일로부터 30일 이내에 그 내용을 공고하여야 한다. ⑤ 제3항과 제4항의 경우에 "을"이 공고를 하지 않는 것이 사채권자의 최선의 이익이라고 합리적으로 판단한 때에는 공고를 유보할 수 있다.
제2-7조(발행회사의 사채관리회사에 대한 보고 및 통지의무)	③ "갑"은 '기한이익상실사유'의 발생 또는 '기한이익상실 원인사유'가 발생한 경우에는 지체 없이 이를 "을"에게 통지하여야 한다. ④ "갑"은 본사채 이외의 다른 금전지급채무에 관하여 기한이익을 상실한 경우에는 이를 "을"에게 즉시 통지하여야 한다.

주1) "갑"은 발행회사, "을"은 사채관리회사
주2) 기한이익 즉시 상실 사항: 파산 또는 회생절차개시 신청, 어음 부도, 당좌거래정지 등
주3) 기한이익상실선언에 의한 기한이익상실사유: 중요 재산에 대한 가압류, 가처분 선고, 중요 재무비율에 대한 조건을 위배하는 경우 등
주4) 기한이익상실과 관련된 구제 방법: "을"은 사채권자집회의 결의를 얻어 보증 또는 담보를 요구하거나, 가산금리 부과 등 사채의 원리금 지급 및 사채관리계약상 의무의 이행을 강제하기에 필요한 조치로써 기한의 이익상실 선언에 갈음하거나 이와 병행할 수 있다.

표준사채관리계약서에 따르면 공고 사항 발생 시 사채관리회사의 홈페이지와 금융투자협회에 공시하도록 되어 있다. 금융투자협회의 채권정보센터 채권공고란에 등록된 공시 건을 살펴보면, 기한이익상실 원인사유에 해당하는 재무비율의 해석에 있어 발행회사가 원인사유에 해

당하지 않은 것으로 판단하여 기한이익상실 원인사유 발생이 공고되지 않고, 추후에 사채권자집회 소집공고가 공시되어 기한이익상실 원인사유 발생이 적시에 공시되지 않은 건을 발견할 수 있다. 또한, 표준사채관리계약서상 기한이익상실 원인사유 발생을 공고를 하지 않는 것이 사채권자의 최선의 이익이라고 합리적으로 판단한 때에는 공고를 유보할 수 있는 규정에 따라 기한이익상실 원인사유 발생 자체가 공시되지 않을 수도 있다. 발행자와 사채권자 및 사채관리회사 간의 사적계약에 따른 규정으로 해당 당사자 간의 합의와 이익을 위하여 기한이익상실 원인사유 발생을 공고하지 않는 것은 가능하지만, 해당 당사자를 제외한 이해관계자는 기한이익상실 원인사유 발생으로 인한 신용위험의 상승 여부를 판단할 수 있는 계기조차 인지하지 못할 우려가 있다.

5. 상장채권 공시제도의 한계

사채권이 유가증권시장에 상장되는 경우 유가증권시장 공시 규정을 준수해야 됨에 따라 사채관리계약과 같이 사인 간의 계약이라는 한계를 벗어날 수 있다. 상장채권의 공시에 관해 당일 거래소에 신고해야 하는 사항과 익일까지 거래소에 신고해야 하는 사항으로 구분되어 있다. 규정된 사항의 상당수가 표준사채관리계약서 상의 기한이익 즉시 상실 사유에 부합하고 있어 이해관계자가 발행회사의 채무불이행 사실에 대한 인지를 할 수 있다. 그러나, 기한이익상실 원인사유 발생 시에 이에 대한 공시를 명확하게 규정하고 있지 않다.

유가증권시장 공시 규정 중 관련 규정 발췌

구분	내용
제57조(주요경영사항의 신고) ① 당일 거래소 신고 사항	1. 발행한 어음 또는 수표가 부도가 되거나 은행과의 당좌거래가 정지 또는 금지된 때 2. 영업활동의 전부 또는 중요한 일부가 정지(그 결정을 포함한다)된 때 3. 「채무자 회생 및 파산에 관한 법률」에 따라 다음 각 목의 어느 하나에 해당하는 경우 　가. 회생절차 개시·종결·폐지 신청을 한 때 및 법원으로부터 회생절차 개시·종결 또는 폐지, 회생절차 개시신청 기각, 회생절차 개시결정 취소, 회생계획 인가·불인가 등의 결정사실을 통보받은 때 　나. 파산신청을 한 때 및 법원으로부터 파산선고 또는 파산신청에 대한 기각 결정 사실을 통보 받은 때 4. 「상법」제517조 및 그 밖의 법률에 따른 해산사유가 발생한 때 5. 「상법」제522조 및 제530조의2에 규정된 사실이 발생한 때 6. 상장채권에 관하여 중대한 영향을 미칠 소송이 제기된 때 7. 외부감사법 제23조제1항에 따라 회계감사인으로부터 제출받은 감사보고서상 다음 각목의 어느 하나에 해당하는 사실이 확인된 때 　가. 감사의견 부적정, 의견거절 또는 감사범위의 제한으로 인한 한정 　나. 최근 사업연도에 자본금전액이 잠식된 경우 8. 회계감사인의 반기검토보고서상 검토의견이 부적정 또는 의견거절인 때 10. 회계처리기준 위반행위와 관련하여 다음 각목의 어느 하나에 해당하는 때 　가. 해당법인이 「외부감사 및 회계 등에 관한 규정」에 따라 증권선물위원회로부터 검찰고발 또는 검찰통보 조치된 사실과 그 결과가 확인된 때 　나. 해당법인이 회계처리기준 위반행위를 사유로 검찰에 의하여 기소되거나 그 결과가 확인된 때 11. 조건부자본증권이 주식으로 전환되는 사유가 발생하거나 그 조건부자본증권의 상환과 이자지급 의무가 감면되는 사유가 발생한 때
제57조(주요경영사항의 신고) ② 익일까지 거래소 신고사항	1. 상장채권의 기한의 이익상실에 관한 통지가 있을 때 2. 사채권자집회 소집에 관한 통지가 있을 때 3. 사채권자집회 결의에 관한 통지가 있을 때 4. 상장채권의 원리금 지급을 이행하지 못한 때 5. 그 밖에 상장채권의 권리, 이익 또는 취급에 관련된 중요한 사실이 발생한 때

사채권자집회 소집 및 결의가 있을 때 기한이익상실 원인사유 발생 사실을 인지하게 되는데 사유 발생 시점과의 시차가 존재한다. 이에 더

하여 사채권자집회를 통하지 않고, 단독 또는 공동으로 '본 사채의 미상환잔액'의 3분의 2 이상을 보유한 사채권자의 동의가 있는 경우에는 기한이익상실 원인사유를 발생하지 않은 것으로 간주할 수 있어 기한이익상실 원인사유가 발생한 사실조차 인지되지 않을 가능성이 존재해 상장채권의 경우에도 그 한계가 존재한다.

6. 사모사채 관련 정보의 미비

금융투자협회의 증권 인수업무 등에 관한 규정에 따른 표준사채관리계약서 체결을 하지 않고, 유가증권시장에 상장하지 않는 채권은 기한이익상실 관련 사안에 대한 파악이 용이하지 않다. 이러한 경우는 주로 사모사채에 해당된다. 사모사채를 통한 자금조달은 공모 발행에 수반되는 공시 및 등록과 관련한 의무를 준수할 필요가 없고, 규모가 작은 기업도 채권발행을 할 수 있으며, 자금조달의 유연성을 제고할 수 있다는 점에서 활발하게 이용되고 있다. 그러나, 사모사채에 있어서 발행회사의 공시 관련 의무 면제는 해당 채권에 대한 기한이익상실 관련 사안에 대한 파악을 제약하고 있다.

최근 중견 이하 기업들이 발행한 사모 채권에 대한 기한이익상실로 인해 채무불이행이 발생하는 경우가 목격되고 있다. 주로 신용보증기금이나, 중소벤처기업진흥공단 P-CBO에 편입되는 사모사채들로서 인수계약서상의 기한이익상실 원인사유가 발생하였으나, 이에 대한 치유가 되지 않아 기한이익이 상실되고, 한국신용정보원에 채무불이행으로 등록된 경우에 해당 채권에 대한 기한이익상실 관련 사안이 발생하였음을 사후적으로 인지할 수 있다. 기한이익상실 원인사유가 치유되는 경우에는 원인사유 발생사실조차 외부에서 인지할 수 없는 신용위험 판단의 사각지대가 존재한다.

7. 마치며

　기한이익상실과 관련된 이벤트가 발생하는 경우 채무상환능력과 채무상환의지에 대한 확인과 판단을 통해 등급 조정 조치가 차별화되고 있다. 경영권 변동이나, 주요 재무비율 조건의 위배가 일시적인 경영상 사유 발생에 따른 것으로 채무상환능력의 유의미한 변동이 없는 것으로 판단되고, 기한이익상실 원인사유 발생이 기한이익상실 선언으로 이뤄질 가능성이 낮은 것으로 예상되는 경우에는 신인도에 큰 영향을 미치지 않을 수 있다. 그러나, 열위에 있는 사업경쟁력으로 영업상 자금창출력이 미흡하고, 불안정한 재무구조와 낮은 유동성 대응능력으로 채무상환능력이 낮은 회사는 기한이익상실 원인사유 발생 자체가 회사의 신인도를 저하시켜 자금조달 가능성을 위축시키고 해당 채무뿐만 아니라 여타 채무로 기한이익상실로 확대될 개연성이 있다. 현재의 표준사채관리계약서 조항이나 유가증권 공시 규정상 기한이익상실 원인사유 발생이 외부에 공시되지 않거나, 지연되어 공시되는 경우에는 해당 회사의 신인도 변동을 인지하지 못하게 되어 적절한 조치를 하지 못하게 된다. 해당 사채 보유자의 이익을 침해하고 해당 회사의 유동성 위험을 확대시킬 수 있다는 우려에 따른 것이나 여타 광범위한 이해관계자의 이익을 침해할 수 있다. 잠재적인 이해관계자의 보호를 위해 기한이익상실 원인사유 공시 예외 규정에 대한 보완이 필요하다.